Keltenstädte aus der Luft

Keltenstädte aus der Luft

SABINE RIECKHOFF UND STEPHAN FICHTL

Sonderheft 2011 PLUS
der Zeitschrift »Archäologie in Deutschland«

Frontispizabbildung:
Der Heidengraben bei Grabenstetten.

Bibliografische Information Der Deutschen Nationalbibliothek

Die Deutsche Nationalbibliothek verzeichnet diese Publikation in der
Deutschen Nationalbibliografie; detaillierte bibliografische Daten
sind im Internet über http:// dnb.dnb.de abrufbar.

Umschlaggestaltung: Stefan Schmid Design. Titelbild: Alesia, Blick nach Südosten, im Vordergrund ist das heutige Städtchen Alise-Sainte-Reine zu
sehen (© R. Goguey/C. Grapin, Musée d'Alésia; Foto: R. Goguey, Recherches
d'Archéologie Aérienne).

© 2011 Konrad Theiss Verlag GmbH, Stuttgart
Alle Rechte vorbehalten.
Die Herausgabe des Werkes wurde durch die Vereinsmitglieder der WBG
ermöglicht.
Übersetzungen aus dem Französischen: Isa Odenhardt-Donvez,
Saint Roman de Codière
Produktion: Verlagsbüro Wais & Partner, Stuttgart
Druck und Bindung: Himmer AG, Augsburg
Gedruckt auf säurefreiem und alterungsbeständigem Papier
Printed in Germany

Besuchen Sie uns im Internet: www.theiss.de
ISBN: 978-3-8062-2242-5
ISSN: 0176-8522

Lizenzausgabe für die WBG (Wissenschaftliche Buchgesellschaft), Darmstadt
Umschlaggestaltung: Neil McBeath, Stuttgart, unter Verwendung einer Ab-
bildung von R. Goguey, Recherches d'Archéologie Aérienne; Foto: R. Goguey
ISBN 978-3-534-23656-5
www.wbg-wissenverbindet.de

Inhalt

Befestigung des 2./1. Jh. v. Chr.

Befestigung des 7.–5. Jh. v. Chr.

sonstige im Text erwähnte Fundorte

Ortsnamen s. Liste im Anhang S. 89

| 0 | 100 | 200 | 300 | 400 | 500 |

Grußwort

Das Phänomen der *oppida* der Späten Eisenzeit (2./1. Jh. v. Chr.) markiert eine kaum bekannte Episode der Geschichte der europäischen Stadt. So kurz diese Zeitspanne auch war, kam ihr dennoch eine überragende Bedeutung zu, da sich mit den *oppida* erstmals ein Netz aus Städten über West- und Mitteleuropa legte. Im ehemaligen Gallien verdanken sogar einige moderne Metropolen ihre Existenz einem Standort, den bereits die Kelten gewählt hatten: Paris war einst *Lutetia*, der Hauptort der Parisier, Genf war *Geneva*, die Stadt der Helvetier, Besançon hieß *Vesontio* und war der Hauptort der Sequaner ... Die grundsätzliche Frage nach der Entstehung dieses urbanen Phänomens, das ebenso plötzlich wie kurzfristig auftrat, nimmt einen breiten Raum in der archäologischen Forschung ein. Die Frage betrifft immerhin knapp 200 Fundorte, deren Geschichte das letzte Jahrhundert v. Chr. bestimmt hat, bis sie entweder einen radikalen Wandel hin zu römischen Städten erlebten, oder einfach aufgegeben und verlassen wurden.

Sabine Rieckhoff und Stephan Fichtl sind die besten Spezialisten für diese Problematik. Beide haben zahlreiche Werke über die Eisenzeit verfasst, insbesondere über die Zeit der *oppida*. Beide sind zudem langjährige Partner des Centre archéologique européen de *Bibracte*, das eine seiner Hauptaufgaben darin sieht, um die berühmte keltische Stadt desselben Namens herum diejenigen Forscher zu versammeln, die über diese Zeit arbeiten. In diesem Kreis entstand die Idee zu einem Band, der die Öffentlichkeit erstmals in allgemeinverständlicher und anschaulicher Form über »die Stadt in keltischer Zeit« informiert. Ermöglicht wurde das durch die Unterstützung der Europäischen Kommission im Rahmen eines Projektes, das der Förderung eben dieses Aspektes unseres kulturellen Erbes gewidmet war.

Es ist mir daher eine Freude, die Erscheinung dieses neuen Sonderheftes der »Archäologie in Deutschland« begrüßen zu können und den beiden Autoren dafür zu danken, dass sie uns auf eine spannende Reise in das 1. Jh. v. Chr. mitnehmen.

Glux-en-Glenne, France
März 2011

Vincent Guichard
Directeur Général
Centre archéologique européen
de *Bibracte*

Den Auftakt einer modernen oppida-Forschung bildete das internationale Projekt »Die ersten Städte nördlich der Alpen vom 6.–1. Jh. v. Chr.«. Es wurde mit finanzieller Unterstützung des Programms culture 2000 der Europäischen Union vom Centre archéologique européen de Mont Beuvray-Bibracte initiiert und von Juli 2005 bis Juni 2008 koordiniert. Koorganisatoren des Projektes waren die Universität Leipzig (D), Université Marc-Bloch Strasbourg (F) und Eötvös Loránd Universität Budapest (H), die Archäologische Denkmalpflege der Region Mittelböhmen (CZ), das Musée national d'Art et d'Histoire Luxembourg (L) und das Nordico Museum Linz (A). Ziele des Projek-tes waren: eine Webseite mit einer oppida-Datenbank mit neuesten wissenschaftlichen Informationen zu jedem einzelnen Fundort (www.oppida.org); die Konzeption zweier Wanderausstellungen (»Die oppida – lebendiges Erbe«; »Darstellung der Kelten im Schulbuch«); der Aufbau eines europäischen Netzwerks zur Verwaltung, Erhaltung und Präsentation der oppida als historische Denkmäler zum Nutzen der Denkmalpflege, des Naturschutzes und des Tourismus; und last not least die Veröffentlichung eines allgemeinverständlichen Überblicks zum Thema des Projektes, den der vorliegende Band bildet.

Zu diesem Band

In den meisten europäischen Ländern finden sich römische Ruinen. Sie halten die Erinnerung an eine antike Welt wach, die unsere Vorstellungen von einer europäischen Zivilisation nachhaltig geprägt hat. Nur allzu oft gerät darüber in Vergessenheit, dass die Römer auf ihren Eroberungszügen diesseits der Alpen auf einheimische Kulturen gestoßen sind, die üblicherweise zusammenfassend als »keltisch« bezeichnet werden und die selbst an der Schwelle zur Hochkultur standen. Zu den eindrucksvollsten Denkmälern dieser vorrömischen Kulturen gehören die von Caesar als *oppidum* (Plural *oppida*) bezeichneten Befestigungen mit ihrer frühstädtischen Lebensform.

Auf den ersten Blick scheinen Rom und Athen nicht viel gemeinsam zu haben mit den *oppida*, die mit ihren Holzgebäuden lange Zeit nur als eine Art befestigter Dörfer galten. Doch systematische archäologische Forschungen der letzten Jahrzehnte haben ein neues Bild entstehen lassen. Eine dichte und planvolle Bebauung, repräsentative Architektur und öffentliche Einrichtungen, technologische Spezialisierung und weiträumig vernetzte Tauschgeschäfte, gesellschaftliche Differenzierung und nicht zuletzt die Entwicklung von Geld und Schrift sind Anlass für die Wissenschaft – nicht in allen Fällen, aber sehr oft – von den »ersten Städten nördlich der Alpen« zu sprechen.

Um 1900 hatte die französische *oppida*-Forschung die Erkenntnis verblüffender archäologischer Übereinstimmungen quer durch Europa gewonnen, die dazu führten, dass seitdem von einer großen gemeinsamen »keltischen Kultur« gesprochen wurde. Sicher ist jedoch nur, dass sich die Gallier (größtenteils) als Kelten bezeichneten, wir aber mangels schriftlicher Quellen schlicht nicht wissen, wie sich die *oppida*-Bewohner rechts des Rheins selbst nannten. Die Wissenschaft urteilt daher heutzutage vorsichtiger. Es gab kein keltisches »Volk«, sondern nur viele Regionalgruppen, die aber in großräumige und überraschend enge – wirtschaftliche, politische und weltanschauliche – Netzwerke eingebunden waren. Dadurch erklärt sich das mehr oder weniger gleichzeitige Phänomen der *oppida* im 2./1. Jh. v. Chr. von Frankreich bis Ungarn.

Überregional und international konzipierte Forschungsprojekte sind notwendig, um diese großartigen Denkmäler zu erhalten, und die Aufgabe der Wissenschaft ist es, die Öffentlichkeit über diese Denkmäler und die historische Epoche, aus der sie stammen, zu informieren. Von den »Kelten« ist zwar oft die Rede, aber über die »ersten Städte« ist erstaunlich wenig bekannt.

Mit dem vorliegenden Band möchten wir diese Erkenntnisse auf anschauliche Art und Weise vermitteln. Als Präsentationsform haben wir das Luftbild gewählt, weil es die beste Perspektive auf die Befestigungen bietet, deren auffälligstes Kennzeichen ihre zum Teil schier unglaubliche Größe ist. Wir haben versucht, einen Überblick von den Vorläufern der *oppida* im 6./5. Jh. v. Chr. bis zu deren Ausklingen in römischer Zeit zu geben. Aus knapp 200 europäischen Fundorten haben wir eine kleine, aber charakteristische Auswahl der historisch interessantesten, wissenschaftlich bedeutendsten und landschaftlich spektakulärsten Beispiele getroffen.

Wir danken den vielen Kolleginnen und Kollegen, die uns auf die eine oder andere Weise geholfen haben – durch die großzügige Überlassung oder die Beschaffung von Bildvorlagen, durch Literaturrecherchen, hilfreiche Hinweise oder bereitwillig erteilte Auskünfte, insbesondere Björn-Uwe Abels, Roger Agache, Jörg Biel, Jörg Bofinger, Andrea Bräuning, Olivier Buchsenschutz, Zoltan Czajlik, Wolfgang David, Norman Döhlert, René Goguey, Claude Grapin, Ralf Hoppadietz, Jeannot Metzler, Felix Müller, Caroline von Nicolai, Gilles Pierrevelcin, Karl-Friedrich Rittershofer, Günther Schöbel, Marco Schrickel, Susanne Sievers, Pip Stephenson, Martin Thoma und Andrea Zeeb-Lanz. Die Übersetzung aus dem Französischen besorgte Isa Odenhardt-Donvez. Wir danken ferner dem Team vom Verlagsbüro Wais und Partner, insbesondere der Geduld von Frau Tina Steinhilber für die Gestaltung dieser Zusammenschau, von der wir hoffen, dass sie dazu beitragen wird, ein bedeutendes Kulturerbe ins Bewusstsein zu rufen und so vor dem Vergessen zu bewahren.

März 2011

Sabine Rieckhoff   *Stephan Fichtl*
Universität Leipzig   Universität Tours

Archäologie der Stadt

Das *oppidum*, eine keltische Stadt

Als »oppidum« hat Gaius Iulius Caesar die keltischen Befestigungen bezeichnet, auf die er bei der Eroberung Galliens Mitte des 1. Jh. v. Chr. gestoßen war. In der Archäologie wird dieser Begriff seit dem 19. Jh. für alle befestigten Siedlungen des 2./1. Jh. v. Chr. verwendet, die eine Fläche von mindestens 15 ha einnehmen. Mehrheitlich handelt es sich um bedeutende ökonomische und politische Zentren, die als die ersten Städte nördlich der Alpen bezeichnet werden können.

Auf den Spuren der Entdecker

Obwohl viele *oppida* aufgrund ihrer auffälligen Geländemerkmale schon lange das Interesse örtlicher Gelehrter geweckt hatten, fanden die ersten wissenschaftlichen Ausgrabungen erst ab der zweiten Hälfte des 19. Jh. statt. Meilensteine der Forschung wurden die Grabungen von E. Castagné 1868 in Murcens, von Oberst E. Stoffel 1862 bis 1864 in *Alesia* und 1862 in *Gergovia*, von O. Vauvillé 1886 bis 1887 in Pommiers (dép. Aisne, Region Picardie, F), an erster Stelle jedoch die Grabungen von J.-G. Bulliot und seinem Neffen J. Déchelette zwischen 1867 und 1907 auf dem Mont Beuvray. Auch in anderen Teilen Europas wurden ähnliche Untersuchungen durchgeführt. Beispielsweise forschte J. Finck 1892 bis 1893 in Manching und J. L. Pič veröffentlichte 1903 seine Ausgrabungen in Stradonice. Um 1900 stand fest, dass im 2. und 1. Jh. v. Chr. von den Britischen Inseln bis Ostmitteleuropa ähnliche Siedlungen existiert hatten. Auf der Basis dieser kulturellen Übereinstimmungen nördlich der Alpen am Ende der Eisenzeit entwickelte Joseph Déchelette, Konservator des »Musée des Beaux Arts et d'Archéologie« von Roanne, zu Beginn des 20. Jh. sein Konzept der »*oppida*-Zivilisation«. Durch Déchelette's frühen Tod – er fiel 1914, eine Woche, nachdem er sich freiwillig gemeldet hatte – geriet die *oppida*-Forschung zunächst ins Stocken. In Deutschland wurde sie erst rund 25 Jahre später durch Joachim Werner und dessen berühmten Aufsatz über »Die Bedeutung des Städtewesens für die Kulturentwicklung des frühen Keltentums« (1939) wiederbelebt, der den urbanen Aspekt der Befestigungen in den Vordergrund rückte.

Ein zweiter entscheidender Schritt wurde 1962 getan, als der deutsche Archäologe Wolfgang Dehn zum ersten Mal eine genaue Definition des Begriffes »*oppidum*« vorschlug. Sie beruhte, in Ermangelung systematischer Ausgrabungen in den meisten Anlagen, auf formalen Kriterien. Diese Kriterien erlaubten es Dehn, eine Liste der *oppida* in Deutschland zu erstellen, aber dieselben Kriterien wurden auch auf französische Fundorte angewendet. Das erste Kriterium ist die Größe. Die Siedlung muss eine Mindestfläche einnehmen, die Dehn zufolge bei 30 ha liegt. Das zweite Kriterium ist die Topografie: *oppida* sind zumeist Höhensiedlungen, doch auch eine Lage im Flachland ist nicht ausgeschlossen. Das dritte Kriterium ist die Befestigung, d. h. eine Mauer mit einem möglichst lückenlosen Verlauf, ohne Rücksicht auf das Gelände. Die Mauer selbst besteht aus drei Elementen, nämlich der Fassade, einer Holzkonstruktion und einer Rampe an der Rückseite. Die Tore, so genannte Zangentore, werden durch zwei nach innen geführte Mauerschenkel gebildet. Ein letztes Kriterium ist die Chronologie, da alle *oppida* ans Ende der

Joseph Déchelette (1862–1914), französischer Archäologe und Begründer der *oppida*-Forschung.

Eisenzeit datieren, d.h. in die letzten beiden Jahrhunderte v. Chr.

Bereits in den 1950er-Jahren hatte die Erforschung der tschechischen *oppida* Hrazany und Třísov eingesetzt; 1963 begann die Grabung in Závist, 1964 in Staré Hradisko. Durch den »eisernen Vorhang« blieben diese Forschungen allerdings von begrenzter Wirkung. In der zweiten Hälfte des 20. Jh. waren es stattdessen zwei Fundplätze im Westen, die richtungweisend für die europäische Eisenzeitforschung wurden. Dies war zum Ersten ab 1955 ein langfristig angelegtes Forschungsprogramm im bayerischen *oppidum* Manching, das bis heute immer wieder Gegenstand großer Grabungen ist. Das zweite Langzeitprojekt fand und findet in Frankreich auf dem Mont Beuvray im *oppidum Bibracte* statt, wo seit 1984 jedes Jahr internationale Archäologenteams tätig sind.

Historische Quellen

Wie bereits angedeutet, geht der Begriff »*oppidum*« auf Caesars Bericht über »De bello Gallico« zurück, in dem der Prokonsul seine Eroberung Galliens 58 bis 52 v. Chr. beschreibt. Hier erfahren wir am meisten über die keltischen Städte. Obwohl weder Caesar noch andere antike Autoren eine Definition des Begriffs geliefert haben, werden die wesentlichen Funktionen deutlich. Zunächst hat ein *oppidum* wirtschaftliche Bedeutung; es ist ein Platz, an dem Waren produziert, gestapelt und getauscht werden, an dem sich gelegentlich auch römische Händler niederlassen und Caesar seine Armee mit Proviant versorgen kann. Außerdem ist es ein politisches Zentrum, in dem wichtige Entscheidungen gefällt werden, wie z. B. die Ernennung des Vercingetorix zum Oberbefehlshaber im gallischen Aufstand 52 v. Chr.

Caesars Kriegsbericht überliefert die Namen von 28 *oppida*. Seit jeher war man um die Identifizierung dieser Orte bemüht, was häufig zu Auseinandersetzungen zwischen den ansässigen Gelehrten führte (und immer noch führt!), die zu Recht oder Unrecht eine Lokalisierung in ihrer Heimat verteidigten. Zurzeit sind 21 *oppida* zuverlässig identifiziert, entweder, weil der antike Name durch die römische Kaiserzeit und das Mittelalter hindurch mit der modernen Stadt verbunden geblieben ist (Orléans–*Cenabum*, Bourges–*Avaricum*, Besançon–*Vesontio*), oder weil die Identifizierung mithilfe archäologischer Forschungen gelang wie im Falle von *Bibracte*, *Alesia* und *Gergovia*.

Ein zweites antikes Werk, die »Geographie« des Griechen Ptolemaios, listet die Längen- und Breitengrade zahlreicher keltischer Ortsnamen auf. Früher wurden diese Angaben recht sorglos dazu genutzt, um die *oppida* außerhalb Galliens zu benennen. Aber heute weiß man, dass die Ortsbestimmungen des Ptolemaios generell so fehlerhaft sind, dass sie letztlich unbrauchbar sind. Eine Identifizierung der *oppida* Kirchzarten (Kr. Breisgau-Hochschwarzwald, Baden-Württemberg) mit *Tarodunum*, Manching mit *Parrodunum*, Kelheim mit *Alkimoennis* oder gar Staffelberg mit *Menosgada* entbehrt daher jeder wissenschaftlichen Grundlage und sollte tunlichst vermieden werden. Einen Sonderfall stellt das *oppidum* Bern-Engehalbinsel dar, dessen Name *Brenodurum* eine 1984 entdeckte Inschrift in keltischer Sprache belegt, die in oder bei einem römischen Gebäude (einem Tempel?) östlich der Tiefenau von einem Minensucher aus dem Boden gewühlt wurde. Trotz der verdächtigen Umstände konnte Rudolf Fellmann zweifelsfrei nachweisen, dass es sich um ein echtes gallo-römisches Votivtäfelchen aus Zink handelt, das die Bewohner von »*Brenodurum* im Aaretal« einem Gott der Schmiede geweiht haben. Ein solcher Glücksfall wird der Eisenzeitforschung leider nur selten beschert!

Letztlich jedoch bleibt offen, was *oppidum* wirklich bedeutet. Caesar bezeichnet damit in den meisten Fällen befestigte Siedlungen mit städtischem Charakter, aber eben nicht nur. Genf beispielsweise wird ausdrücklich *oppidum* genannt, obwohl bisher keine Befestigung zutage gekommen ist. An anderer Stelle erwähnt Caesar 20 *oppida* der Bituriger und 12 der Helvetier, d. h. fast doppelt so viele befestigte Siedlungen, wie bisher jeweils bekannt geworden sind. Offensichtlich zählt Caesar in diesen beiden Fällen also auch unbefestigte Dörfer unter die *oppida*. Dieselbe Doppeldeutigkeit finden wir übrigens auch bei Livius, der in seiner Geschichte Roms wiederholt den Begriff »*oppidum*« für befestigte als auch unbefestigte Orte benützt (Livius XXII,11).

Städte aus der Luft

Die historischen Quellen sind für das Verständnis der *oppida* gewiss unerlässlich, aber ohne archäologische Forschung würden uns fundamentale Kenntnisse über die ersten Städte entgehen. Geschichte und Ergebnisse archäologischer Grabungen werden bei den einzelnen Fundorten ausreichend zur Sprache kommen, aber Feldarchäologie ist schon lange nicht mehr reine Spatenforschung. Prospektion, d. h. die zerstörungsfreie Identifikation und Dokumentation unterirdischer Befunde, ist mindestens ebenso wichtig geworden wie die gezielte Sondierung oder die systematische Flächengrabung. Schon in den 1950er-Jahren sind geophysikalische Prospektionsmethoden eingesetzt worden, die ständig verbessert wurden und, oft in Kombination (Geomagnetik, Geoelektrik, Bodenradar), erst kürzlich zu sensationellen neuen Entdeckungen geführt haben (s. Heuneburg, Ipf und Mont Lassois). In den 1960er-Jahren etablierte sich allmählich die Luftbildarchäologie, die heute überall unverzichtbarer Bestandteil der Bodendenkmalpflege ist, und seit einigen Jahren wird die klassische Luftbildfotografie durch lasergestützte Verfahren ergänzt.

Die *oppida*-Forschung hat von diesen Methoden in hohem Maße profitiert. Wälle, die längst vom Ackerbau verschliffen, Gräben, die längst von der Erosion verfüllt worden sind und daher der Froschperspektive des Fußgängers entgehen, werden durch die Fernerkundung sichtbar. Die Luftbildfotografie unterscheidet zwischen Bewuchs-, Schatten- und Feuchtigkeitsmerkmalen. Bewuchsmerkmale schlagen sich als Veränderungen im Wachstum oder in der Farbe der Vegetation nieder. Positive Merkmale treten z. B. über humos verfüllten Gräben auf, weil diese eine verbesserte Wurzelversorgung zur Folge haben; negative Bewuchsmerkmale treten z. B. über Mauerfundamenten auf, die ein verkümmertes Wurzelwachstum nach sich ziehen. Schattenmerkmale, die einen verschliffenen Wall kenntlich machen können, werden durch eine tief stehende Sonne verursacht.

Feuchtigkeitsmerkmale ergeben sich nach starken Regenfällen, wenn über einer im Boden verborgenen Mauer die Erde schneller oder über einem verfüllten Graben langsamer trocknet als die Umgebung. Besonders beliebt sind – das zeigen mehrere Aufnahmen in diesem Heft – Schneemerkmale, die durch unterschiedliche Feuchtigkeit oder Schattenwirkung zustande kommen.

Eine enorme methodische Erweiterung der Fernerkundung bietet das neue Verfahren der dreidimensionalen Geländeaufnahme per Laserstrahl, das als LIDAR (Light Detection And Ranging) oder auch als ALS (Airborne Laserscanning) bezeichnet wird. Gegenüber allen bisherigen Methoden hat das Lasersystem den Vorteil, dass in kürzester Zeit ein zentimetergenaues Oberflächenrelief hergestellt werden kann, und zwar unabhängig von der Vegetation. Damit können nun auch in dicht bewaldeten Arealen minimale Reliefunterschiede kenntlich gemacht werden (s. Heuneburg und Donnersberg).

Doch ob klassisches Luftbild oder Laserscan – beide Methoden stellen die einzige Möglichkeit dar, die Dimensionen der Befestigungen des 2./1. Jh. v. Chr. zu visualisieren. Wie anders als aus der Vogelperspektive ließen sich ein Gelände von Hundert, wenn

nicht mehreren Hundert Hektar und die Weitläufigkeit der kilometerlangen Wälle und Gräben ins Bild bannen?

Vom Dorf zur Stadt

Im 3. Jh. v. Chr. fand ein radikaler Wandel im Siedlungswesen statt. Etwa 200 Jahre lang hatten verstreut liegende Einzelhöfe das Bild beherrscht. Nun entstand etwas völlig Neues, große Dörfer mit überwiegend ökonomischer Funktion. An wichtigen Verkehrswegen wurde vornehmlich Handel betrieben, andere Dörfer, die über eigene Ressourcen verfügten, spezialisierten sich auf handwerkliche Produktion. Dieser Wandel betraf die gesamte Latènekultur, aber er vollzog sich nicht gleichzeitig. Im Osten, in Tschechien und Österreich, tauchen die unbefestigten Großsiedlungen bereits im 3. Jh. v. Chr. auf, in Gallien bilden sie sich überwiegend erst im Laufe des 2. Jh. v. Chr. heraus. Zu nennen sind hier Roseldorf in Österreich, Němčice in Mähren, Lovosice in Böhmen, Manching und Berching-Pollanten in Bayern, Kirchzarten in Baden-Württemberg und Basel-Gasfabrik in der Schweiz, Verdun-sur-le-Doubs in Burgund, Orléans und Levroux in Zentralfrankreich. Die Größe dieser neuen Siedlungsform variiert zwischen 8 ha (Levroux, dép. Indre), 18 ha (Acy-Romance, dép. Ardennes) und 40 bis 60 ha in Lovosice (Nordwestböhmen).

Die Entwicklung vom Dorf zur Stadt vollzog sich unterschiedlich. In den 1980er-Jahren wurde die These aufgestellt, dass die Dörfer zugunsten der *oppida* bewusst verlassen worden seien. Auf Levroux trifft dies wohl zu, weil die unbefestigte Siedlung »Village des Arènes« zugunsten des *oppidum* »Colline des Tours« aufgegeben worden ist. Auch Verdun-sur-le-Doubs ging zu Beginn des 1. Jh. v. Chr. unter, während stattdessen das *oppidum* Châlon-sur-Saône aufblühte.

Doch der Sachverhalt ist komplexer. Die unbefestigte Großsiedlung von Manching wurde beispielsweise in der zweiten Hälfte des 2. Jh. mit einer Mauer umgeben und hat sich auf diese Weise kontinuierlich zu einem *oppidum* im Wortsinn gewandelt. Auch in Orléans–*Cenabum* scheint dies der Fall gewesen zu sein, denn laut Caesar gab es hier Mitte des 1. Jh. v. Chr. »Stadttore«. Bei den Segusiavern an der oberen Loire hingegen existierten Dörfer und *oppida* nebeneinander. Auch Lovosice, dessen Anfänge bis um 300 v. Chr. zurückreichen, entstand früher als die böhmischen *oppida* und blieb parallel zu diesen bis Mitte des 1. Jh. v. Chr. bewohnt.

Man kann daher mit Recht die Frage stellen, ob einige dieser unbefestigten Großsiedlungen nicht bereits als Städte im damaligen Sinn betrachtet werden müssen. Die seltenen Fälle, in denen ein nahezu vollständiger Grundriss bekannt ist wie z. B. in Acy-Romance, lassen bereits eine urbane Raumordnung erkennen aus unterschiedlich strukturierten Quartieren und Kultbauten, aus Wegen und Plätzen, die zweifellos öffentliche (politische und/oder religiöse) Funktionen besaßen.

Alesia im Jahr 52 v. Chr. Vercingetorix ergibt sich und wirft Caesar seine Waffen zu Füßen. Gemälde von Lionel Royer 1899. Le Puy, Musée Crozatier, Inv. 03-59.

Frühe Zentralisierungs- und Urbanisierungsprozesse

Die Städte des 2./1. Jh. v. Chr. sind zweifellos an ganz eigene Voraussetzungen gebunden gewesen, z. B. an das Vorhandensein von Geldwirtschaft und Schrift. Dennoch darf man sie nicht als singuläres frühgeschichtliches Phänomen betrachten, denn es gab Vorläufer. Zentralisierungsprozesse sind auch im 6. bis 5. Jh. v. Chr. zu beobachten (Biskupin), in einigen Fällen sogar schon eine frühe Form der Urbanisierung. Diese kann in repräsentativer Festungsarchitektur (Heuneburg) oder einem Bebauungsplan (Ipf), in (öffentlichen?) Großbauten (Mont Lassois) oder kollektiven Kultplätzen (Glauberg) zum Ausdruck kommen. Ein bisher wenig beachtetes urbanes Indiz ist die Entstehung der neuen sozialen Klasse der Handwerker (Bourges), die zwischen der »Aristokratie«, der sozial privilegierten Gruppe der Landbesitzer, und den Bauern standen. Die Initiatoren dieser Entwicklung waren die Landbesitzer, die um ihre Befestigungen herum Handwerk und Handel konzentrierten und die in überregionale Tauschsysteme eingebunden waren, von denen zunehmend auch die Klasse der Handwerker profitierte. Daher finden sich provençalische Amphoren, etruskische oder griechische Trinkgefäße, die lange Zeit als unzweifelhafte Hinweise auf einen aristokratischen Haushalt gegolten haben, seit der zweiten Hälfte des 6. Jh. immer häufiger auch in handwerklichem Kontext, im 5. Jh. v. Chr. sogar in reinen Handwerkersiedlungen (Bragny-sur-Saône, F; Sévaz, CH; Hochdorf-Enz, D). Aber keiner dieser frühurbanen Entwicklungen war Erfolg beschieden. Jeder Versuch scheiterte letztlich, wenn die Gesellschaft zu groß wurde. Da sie im entscheidenden Moment nicht den Sprung in ein stabiles politisches System schaffte, wanderte sie ab oder brach auseinander in ländliche Kleinsiedlungen.

HEUNEBURG – »Fürstengrab« und »Fürstensitz«
Herbertingen-Hundersingen, Baden-Württemberg

Als 1876 nahe der Heuneburg ein monumentaler Grabhügel abgetragen wurde, um Ackerland zu gewinnen, kamen eine Fülle von Beigaben, unter anderem auch goldene Ringe, zum Vorschein. Die Funde stellten alle bisherigen archäologischen Entdeckungen in Württemberg in den Schatten, sodass der damalige Landeskonservator Eduard Paulus jun. bald von »Fürstengräbern« sprach. Mag sein, dass er dabei – wie schon oft vermutet – das Gold der »Fürsten« von Mykene vor Augen hatte, deren Gräber Heinrich Schliemann soeben entdeckt hatte, und dass er deshalb auch gleich nach dem zugehörigen »Fürstensitz« Ausschau hielt. Wie von selbst bot sich dafür die nahe gelegene Heuneburg an, deren Befestigungen noch im Gelände sichtbar waren: »... und wir irren wohl nicht, wenn wir die in der Nähe jener kolossalen Totenmale gelegene Heuneburg als ... das feste Standlager eines hervorragenden Geschlechtes, vielleicht eines Fürstengeschlechtes betrachten.« (E. Paulus 1878). Das war zunächst nicht mehr als eine zeitgemäße Idee, in der sich das historische Wissen über antike Kleinkönige, keltische Aristokraten, mittelalterliche Burgherren und absolutistische Landesväter vermengte. Doch im Laufe der Jahrzehnte wurde daraus ein Dogma der Eisenzeitforschung, die das Bild eines Herrschers etablierte, der über eine kriegerische Gefolgschaft und rechtlose Untertanen gebot, dessen Macht erblich war und die ihren sichtbaren Ausdruck in einer repräsentativen Burg fand – dem »Fürstensitz«.

Die Heuneburg selbst ist kein mächtiger Felsklotz, sondern besitzt nur ein etwa 3 ha großes dreieckiges Plateau, das aber durch seine steil abfallenden Hänge zum 60 m tiefer gelegenen Talgrund der Donau, die von hier ab schiffbar war, seine Attraktivität erhielt. Eine 29-jährige Forschungsgrabung, die 1950 einsetzte, brachte die Bestätigung, dass hier eine Elite gelebt hatte. Die Schichten der Heuneburg ließen sich in vier Bauperioden gliedern (Per. IV–I), die es ermöglichten, die Geschichte der Befestigung in großen Zügen zu erzählen. Allerdings beschränkte sich das Interesse auf das Plateau, dessen zum Teil extrem tiefe, gestaffelte Wall-Graben-Anlagen als mittelalterlich galten. Erst das Forschungsprojekt »Frühe Zentralisierungs- und Urbanisierungsprozesse« 2004 bis 2010 konnte diese späte Datierung widerlegen und nach und nach die gewaltigen eisenzeitlichen Dimensionen der Befestigung enthüllen.

Hochauflösender LIDAR-Scan der Heuneburg mit den Gräben der Vorburg.

Die Geschichte der Heuneburg begann, als sich in der zweiten Hälfte des 7. Jh. v. Chr. eine Handvoll weitsichtiger Hofbesitzer aus der Umgebung – nach Art etruskischer Städtegründer – zusammenschloss, um das Plateau zu befestigten (Per. IVc). Sie ließen eine etwa 5 m breite Holz-Erde-Mauer errichten und einen 10 bis 15 m breiten Spitzgraben ausheben, der auf der Hauptangriffsseite mit einem Doppelgraben zwingerartig verstärkt wurde. Gut 20 Höfe, von denen zwei vollständige Grundrisse bekannt sind, kann man sich hier vorstellen, wenn sie Platz sparend aneinandergereiht wurden. Günstige Bedingungen – gute Böden, die Nähe der Eisenerzlager der Alb, die Lage am Wasser, wachsende handwerkliche Produktion – förderten den Nahhandel, brachten eine gewisse Arbeitsteilung mit sich und einen Bevölkerungszustrom. Dieser führte dazu, dass im Umkreis immer neue Höfe entstanden, die die Bewohner der Heuneburg mit landwirtschaftlichen Produkten versorgten. Diese so genannte Außensied-

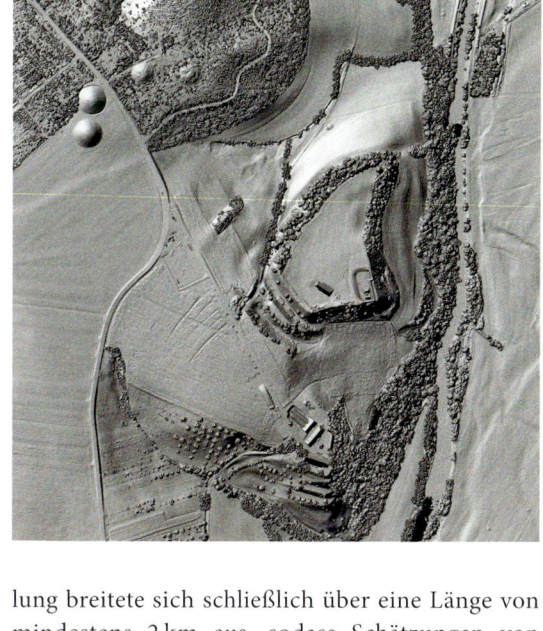

lung breitete sich schließlich über eine Länge von mindestens 2 km aus, sodass Schätzungen von mindestens 50 bis 75 gleichzeitigen Höfen ausgingen, auf denen 1000 bis 1500 Menschen lebten, unter Umständen aber auch doppelt so viele. Diese Menschenmengen schufen neue gesellschaftliche Bedürfnisse und veränderten die politischen Strukturen.

Die Entwicklung gipfelte zu Beginn des 6. Jh. v. Chr. in einem einmaligen Akt früher Urbanisierung, als beschlossen wurde, neuen Raum für mehr Menschen innerhalb der Befestigung zu schaffen. Die Höfe wurden abgerissen und stattdessen nach Art mediterraner Städte kleine »Reihenhäuser« entlang eines rechtwinkligen Wegenetzes errichtet (Per. IVb–IVa). Und nicht genug damit: Auch die Mauern wurden geschleift und durch eine spektakuläre Konstruktion ersetzt. An Stelle des einheimischen Holzkastensystems trat eine 3 m breite Mauer aus luftgetrockneten Lehmziegeln, die landeinwärts mit Bastionen verstärkt wurde. Die Kombination aus Lehmziegeln und Bastionen ist in dieser frühen Zeit weder in Südfrankreich noch in Etrurien oder Griechenland bekannt. Als Vorbilder können daher nur phönizische (punische) Stadtmauern auf Sizilien gedient haben, denn die Ursprünge dieser Festungstechnik liegen in Kleinasien. Da das Rohmaterial für die Mauer – Lehm und Sand – in der Umgebung der Heuneburg in Hülle und Fülle zur Verfügung stand, war der Bau einfacher und schneller auszuführen als eine traditionelle Stein-Holz-Erde-Mauer. Auch war die Lehmziegelmauer keineswegs ein funktionsuntüchtiges Prestigeobjekt, sondern hielt, dank sorgfältiger Pflege des Verputzes, rund zwei Generationen stand, ganz im Gegensatz zu den reparaturanfälligen »gallischen Mauern« der *oppida*.

Heuneburg, Blick nach Westen. Im Vordergrund sind die Befestigung mit der rekonstruierten Südostecke, dahinter die offene Grabungsfläche der Vorburg und im Hintergrund die wiederaufgeschütteten Großgrabhügel zu sehen.

Irgendwann hatte man mit dem Bau der 2 ha großen Vorburg im Westen, unterhalb des Plateaus, das Raumangebot fast verdoppelt. Ein ebenfalls gigantischer, 8 m tiefer und 14 m breiter Spitzgraben schützte diese zweite Befestigung, die man über eine 6 m breite Brücke und durch ein Holztor betrat. Gleichzeitig mit der Stadtmauer wurde dieses Tor ebenfalls in Lehmziegelbautechnik in ein mediterranes »Kammertor« umgebaut, so bezeichnet, weil es zwei aufeinander folgende Durchgänge aufwies. Dieser monumentale Eingang, die leuchtend weiß verputzten Mauern, die weithin sichtbare gezackte Silhouette der Türme – all das demonstrierte in einem bisher unbekannten Ausmaß architektonische Pracht, Ansehen und Macht.

Damit begann die Blütezeit der Heuneburg. Es ist gut vorstellbar, dass eine so prächtige stadtartige Siedlung Neid hervorgerufen, Plünderer angelockt oder soziale Spannungen verursacht hat. Um 550 v. Chr. wurde die Heuneburg, zusammen mit der Außensiedlung, so gründlich zerstört, dass die Ausgräber ein kriegerisches Ereignis dafür verantwortlich machten.

Die Sieger kehrten zu den Traditionen zurück, zu den Holz-Erde-Mauern und einer parzellenartigen Aufteilung des Innenraumes mit einzelnen »Herrenhäusern« (Per. III–II). Auch die Vorburg wurde neu geplant. Es entstand offenbar eine gedrängte Bebauung mit Handwerksbetrieben. Italische bzw. griechische Trinkgefäße bezeugen die Teilhabe dieser Bevölkerungsschicht am wachsenden Wohlstand und dem Gabentausch, der zwischen Etrurien, Marseille – *Massalía* und den Völkern des Nordens bestand (von den Griechen unterschiedslos als »*keltoi*« bezeichnet). Diese zweite frühurbane Blüte der Heuneburg spiegelt sich auch im Bestattungsplatz und -brauch der neuen Herren. Im Blickfeld der Befestigung wurden eben jene vier mächtigen Grabhügel aufgeschüttet, die 1876 entdeckt worden waren. Die goldenen Halsringe der Toten lassen sich als Rangabzeichen der Eliten und als Hinweis auf eine stabile politische Lage deuten. Trotzdem gelang der Gesellschaft nicht der Übergang in eine frühstaatliche Organisationsform. Um 480 v. Chr. brannte die Heuneburg ein zweites Mal bis auf die Pfostenstümpfe nieder und wurde endgültig verlassen.

Die sensationellen Ergebnisse der modernen Grabungen schienen die Vision des langjährigen Heuneburgforschers Wolfgang Kimmig (1910–2001) wiederzubeleben: die Heuneburg als ferner Widerschein griechischer Städte, eine »Akropolis« als Ort der religiösen und politischen Macht, eine »Unterstadt« für Handwerk und Handel, versorgt von den Landgütern des Umlandes. Einige Fragen schienen beantwortet, einige sind geblieben: Wer hatte die Macht in Händen? Waren es wechselnde aristokratische Familien? Rivalisierende Häuptlinge? Aus deren Reihen sich einer an die Spitze setzte – der *princeps*, der »Prinz«? Wie weit reichte die Macht der Heuneburg, und wie wurde sie aufrechterhalten? Jede Ausgrabung fördert neue Teile dieses Puzzles zutage, das freilich nie fertig werden wird.

IPF – ein mächtiger Kegelstumpf
Bopfingen, Baden-Württemberg

Am Westrand des Nördlinger Rieses, einer fruchtbaren Siedlungskammer von rund 30 km Durchmesser, die vor 15 Millionen Jahren durch einen Meteoriteneinschlag entstanden ist, erhebt sich weithin sichtbar der 668 m hohe Ipf. Seine markante Form gleicht einem mächtigen Kegelstumpf. Für eine Verteidigungsanlage bietet er optimale Voraussetzungen. Nach Norden, Westen und Süden steil abfallende Hänge bieten einen natürlichen Schutz; lediglich die nach Osten flach ausstreichende Flanke musste befestigt werden.

Über die Archäologie des Berges war lange Zeit nichts bekannt außer einigen Scherben und kleinen Sondagen der Jahre 1907/08, den ersten Grabungen in einem eisenzeitlichen »Fürstensitz«. Dann blieb es fast 100 Jahre still um den Ipf. Erst im Jahr 2000 wurde wieder der Spaten angesetzt; 2004 bis 2010 war der Ipf in das Großprojekt »Frühe Zentralisierungs- und Urbanisierungsprozesse« eingebunden.

Kernstück der vorgeschichtlichen Besiedlung bildete das ovale 2,35 ha große Gipfelplateau mit ca. 185 m Durchmesser. Von hier stammte die vereinzelte Scherbe einer schwarz engobierten griechischen Trinkschale aus der Zeit um 500 v. Chr. – der einzige Hinweis auf eine besondere Bedeutung dieses Ortes. Entsprechend hypothetisch waren alle Überlegungen zur Besiedlungsgeschichte des Ipf. Erst durch die modernen Grabungen wissen wir nun, dass das Gipfelplateau schon seit Beginn der Hallstattkultur im 7. Jh. v. Chr. aufgesucht worden ist. Auch die Zahl der griechischen Scherben hat sich erhöht. Die eigentliche Überraschung aber bildeten die Ergebnisse der geophysikalischen Prospektion, die eine repräsentative Bebauung des Plateaus enthüllte. Von einem ca. 25 m breiten »Tor« lief eine allmählich schmäler werdende »Prachtstraße« zwischen zwei Doppelpalisaden ins Zentrum; zu beiden Seiten der Straße erstreckte sich, ähnlich wie auf der Heuneburg (Per. III–II), eine rechtwinklige Parzellierung. Dagegen wies die »Unterburg«, ähnlich wie die Außensiedlung der Heuneburg, eine lockere Bebauung aus etwa 60 m × 60 m großen Hofanlagen auf, deren Reihung jedoch ebenfalls eine planende Hand erkennen lässt.

Der Ipf. Blick auf die Ostflanke mit insgesamt fünf Wällen, die sich vom Plateau bis zum Fuß des Berges ziehen.

In der Unterburg wurden keine mediterranen Importgegenstände gefunden, wohl aber in zwei Hofanlagen nicht weit vom Fuß des Berges, die etwa doppelt so groß waren wie die Höfe der Unterburg. Die ältere Anlage im »Bugfeld« datiert vor allem ins 6. Jh., die zweite im »Zaunäcker« in die zweite Hälfte des 6. und 5. Jh. v. Chr. Beide Höfe profitierten von den fruchtbaren Böden, von Eisenerzvorkommen und der verkehrsgünstigen Lage des Rieses, seit jeher eine Schleuse für den Handel in alle Himmelsrichtungen. Im Laufe der Zeit scheint sich die Funktion der Höfe verändert zu haben, denn ihre Innenbebauung unterscheidet sich fundamental. Während im »Bugfeld« ein 15 m × 15 m großes Holzgebäude, das mit 50 t Steinen bedeckt, »versiegelt«, ja regelrecht »bestattet« worden ist und deshalb als Kultbau gedeutet wird, fehlen hier die Grubenhütten (Werkstätten), die jedoch im »Zaunäcker« freigelegt worden sind. Man hat den Eindruck, dass der Reichtum der Hofbesitzer, gemessen an etruskisch-griechischer Keramik, ständig zugenommen hat, auch und gerade nach der Blütezeit des Ipf. Unbekannt ist vorläufig, welche Beziehung zwischen den Herren des Ipf und den Hofbesitzern bestand, welche Macht jene hatten, wie abhängig diese waren. Das wird sich hoffentlich zeigen, wenn die im Magnetogramm erkannten Spuren ausgegraben werden.

MONT LASSOIS – auf der Suche nach dem Zinn
Châtillon-sur-Seine, Region Burgund, Frankreich

Entstehung und Untergang von Zentralorten waren immer an Verkehrswege gebunden, die in der frühen Eisenzeit von den Interessen des Südens bestimmt wurden. Seit dem 8. Jh. v. Chr. hatten die Etrusker versucht, über Land an die Zinnvorkommen der Bretagne und Südwestenglands zu kommen. Zinn, das nur in wenigen Lagerstätten zur Verfügung stand, war unersetzlich für die italischen Bronzewerkstätten.

Die bequemsten »Zinnstraßen« waren die Wasserstraßen, die noch im 1. Jh. v. Chr. von Diodor gerühmt wurden. Eine der wichtigsten war die Rhône-Saône-Passage. Von hier aus boten sich, jeweils über eine kurze Landstrecke, zwei Wege nach Nordwesten an. Der erste führte an die Loire und (via Bourges) in die Bretagne, der zweite an die Seine und zum Ärmelkanal.

6 km nördlich von Châtillon-sur-Seine, bei dem Dörfchen Vix, erhebt sich direkt am Fluss, der in der Eisenzeit von hier ab schiffbar war, 109 m über dem Talgrund der Mont Lassois, »der wie ein Korken den engen Flaschenhals des oberen Seinetals verschließt« (W. Kimmig 1983). Aufgrund dieser topografisch bevorzugten Lage wurde der Mont Lassois eine der wichtigsten Zwischenstationen im Zinnhandel. Trotz allseits schwer zugänglicher Steilhänge wurden sowohl das 9 ha große Plateau, auf dem der »Fürstensitz« lag, als auch der Hangfuß im Westen und Süden mit einem monumentalen Befestigungswerk versehen; im Osten liefen die Mauern zur Seine hinunter, die eine natürliche Grenze bildete.

Die moderne Erforschung des Mont Lassois und seiner Umgebung begann in den 1950er-Jahren, freilich im Stil der Zeit und unter zum Teil widrigen Bedingungen. Darunter litt auch eines der berühmtesten Gräber der frühkeltischen Archäologie, das Grab der »Fürstin von Vix«, das im Januar 1953 buchstäblich aus dem Schlamm gezogen werden musste. Die Tote,

Mont Lassois, Blick von Osten. So wie heute die Kirche Saint-Marcel war einst der große Apsidenbau auf dem Plateau rechts davon zu sehen.

Mont Lassois, Grundriss des Apsidenbaus nach der Ausgrabung.

eine verkrüppelte Zwergin, war um 500 v. Chr. mit dem verschwenderischsten Gastgeschenk jener Zeit, einem 1,64 m hohen italischen Bronzegefäß, bestattet worden. Es wog über 4 Zentner, hatte ein Fassungsvermögen von 1100 Litern, d. h. von rund 50 Amphoren, und ist ein sprechender Beweis für das gewaltige Interesse, das Etrusker und Massalioten (Marseille) an dem Schiffsverkehr auf der Seine hatten. 1990 wurde 300 m südlich des Grabes ein einzigartiges Heiligtum aus derselben Zeit entdeckt, dessen Eingang von zwei sitzenden Kalksteinstatuen, einer Frau und einem Krieger, flankiert wurde und wohl dem Ahnenkult diente. Die letzte Forschungsetappe, eine französisch-deutsche Kooperation, begann 2001/02 und hatte, in Kombination mit dem Forschungsprojekt »Frühe Zentralisierungs- und Urbanisierungsprozesse« (2004–2010), endlich wieder den Berg selbst im Visier.

2003 wurde ein Magnetogramm des Plateaus erstellt. Die in die Felsoberfläche eingetieften Pfostenlöcher und Gräbchen der Holzgebäude zeichneten sich klar wie auf dem Reißbrett ab. Auch wenn selbstverständlich nicht alle Befunde gleichzeitig existiert haben, lässt sich doch gleichsam ein hallstattzeitlicher Bebauungsplan rekonstruieren. Der Zugang zum ovalen Plateau muss im Süden gelegen haben, denn von hier aus zieht sich eine schmale bebauungsfreie Zone schnurgerade nach Norden. Rechts und links dieser »Hauptstraße« reihen sich rechtwinklige Parzellen aneinander. Hinter dem »Tor« wurden mehrere große Speicherbauten identifiziert, wie man sie aus römischen Lagern kennt.

Die größte Überraschung bot eine Parzelle im Zentrum des Plateaus, in der ein singulärer, 35 m ×

22 m großer, auf mindestens 12 m Höhe geschätzter Bau mit einer Apsis entdeckt wurde. Das ungewöhnliche Gebäude, das am Ostrand des Plateaus stand, war von der Seine aus sichtbar und auf Fernwirkung angelegt, ähnlich wie die Lehmziegelmauer der Heuneburg. Die Größe, der Säulenumgang und bemalte Wände sprechen für eine besonders repräsentative Bedeutung. Da aber eine vergleichbare hallstattzeitliche Architektur unbekannt ist, lässt sich über die Funktion – öffentlicher Bau? Tempel? Palast? – nur spekulieren. Griechische Großbauten mit Apsis sind zwar bekannt, scheiden als direkte Vorbilder aber wohl aus, zumal sie entweder älter sind oder keinen Umgang besitzen. Ihre Bauform stammt aus dem Orient, die damit möglicherweise ein Fingerzeig ist, der – genauso wie im Falle der Lehmziegelmauer – auf phönizische Vorbilder des 7./6. Jh. v. Chr. in Sizilien hinweisen könnte. Bei der Frage nach der Funktion auf dem Mont Lassois hilft das freilich auch nicht weiter. An dessen frühurbaner architektonischer Konzeption ist dagegen nicht zu zweifeln.

BOURGES – unter der Kathedrale
Region Centre, Frankreich

Als 1984 in Bourges, 200 km südwestlich vom Mont Lassois, dem bis dahin westlichsten »Fürstensitz«, die ersten Scherben griechischer Keramik zutage kamen, war die Überraschung groß. Bourges war bis dahin in der Forschung nur als das *oppidum Avaricum* bekannt, das Caesar 52 v. Chr. erobert hatte.

Diese Eroberung hatte sich als ziemlich mühsam erwiesen. Der Felssporn mit der heutigen Stadt Bourges, über deren Altstadt sich die größte Kathedrale Frankreichs erhebt, liegt im Zwickel zwischen zwei Quellflüssen des Cher. Sie begrenzen den Sporn im Norden und im Süden. Auf der dritten Seite, im Osten, erstreckte sich zu Caesars Zeit noch eine versumpfte Ebene, die den Felsen »beinah auf allen Seiten einschloss und nur einen einzigen und sehr schmalen Zugang« gewährte. Dieser zwang Caesar dazu, von der üblichen ringförmigen Belagerungstaktik abzuweichen. Stattdessen erfand er eine riesige hölzerne Konstruktion, die aus einer Plattform zwischen zwei Türmen bestand, die über Rampen bis vor die Mauern von *Avaricum* gerollt wurden (bell. Gall. VII,15,5).

Um zurück auf die Frühe Eisenzeit zu kommen: In den Grabungen der letzten Jahre ist die damalige überragende Bedeutung von Bourges immer deutlicher geworden. Unter der 2000 Jahre alten, kontinuierlich besiedelten Stadt wurden mehrere Schichten einer dichten späthallstatt- und frühlatènezeitlichen Bebauung nachgewiesen (ca. 530–400 v. Chr.), die

Die Altstadt von Bourges,
Blick nach Nordwesten.

üblicherweise aus Holz bestand, aber auch reine Lehmkonstruktionen und farbigen Wandverputz aufwies, die mediterranen Einfluss verrieten. Ebenfalls aus dem Süden stammt eine Fülle von griechischer, schwarz- und rotfiguriger Keramik sowie provençalischen Amphoren, die – zusammen mit dem etruskischen Bronzegeschirr aus den umliegenden Großgrabhügeln – den Reichtum der Bewohner und deren enge Beziehungen zum Süden offenbaren. Der Reichtum beruhte wie so oft auf Landwirtschaft und Eisenverarbeitung, aber der Südimport hing natürlich auch hier, wie im Falle des Mont Lassois, ursächlich an der Lage an einer »Zinnstraße«, in diesem Fall in die Bretagne. Über Bourges, das an einer schiffbaren Strecke lag, ließ sich der Loirebogen abschneiden und damit der Weg verkürzen.

Im 5. Jh. scheint sich die Besiedlung rund um den Felssporn herum ausgedehnt und damit eine Fläche eingenommen zu haben, die diejenige der Heuneburg-Außensiedlung um ein Vielfaches übertraf! Im Unterschied zu jener setzte sich die »Vorstadt« von Bourges jedoch nicht aus bäuerlichen Höfen zusammen, sondern aus locker gestreuten gewerblichen Quartieren. Gründlich untersucht wurde der Bereich »Port-Sec sud«. Erhalten hatten sich nur Gruben, bei denen es sich um Werkstätten handelte, in denen Textilien, Knochen und vor allem Metall verarbeitet worden waren. Amphoren und griechisches Trinkgeschirr zeigen, dass die hier arbeitende Bevölkerung den Lebensstil der Elite auf dem Burgberg geteilt hat. Das sind klare Anzeichen dafür, dass wir es nicht mit zufällig anwesenden Händlern oder Handwerkern am Hofe eines »Fürsten« zu tun haben, sondern mit einer sozialen Gruppe, für die eigene Quartiere, Arbeitsteilung und Spezialisierung kennzeichnend gewesen sind – kurzum alles, was typisch ist für ein Leben in der Stadt.

EHRENBÜRG – 2000 Keller
Kirchehrenbach/Wiesenthau-Schlaifhausen, Bayern

Einer der schönsten Aussichtspunkte der an reizvollen Ausflugszielen nicht armen Fränkischen Schweiz ist die Ehrenbürg, die größte Befestigung Nordostbayerns des 5. Jh. v. Chr. Der markante, etwa 1500 m lange und 300 m breite Inselberg, der sich 250 m über das Wiesenttal erhebt, wird von einem Wall umschlossen, der je ein Tor im Westen und im Osten aufweist. Besonders das typisch frühlatènezeitliche Zangentor im Westen, dessen Flanken bogenförmig in den Innenraum einziehen – im Gegensatz zu den rechtwinklig abknickenden Zangentoren der späteren *oppida* mit ihren wesentlich längeren Torgassen – ist noch gut im Gelände zu erkennen. Die Nordspitze, das »Walberla« (benannt nach der Walburgiskapelle) stellte eine Art Vorburg dar. Eine zweite, im Kern wohl ebenfalls eisenzeitliche Quermauer mit Tor riegelte die Südspitze ab, den »Rodenstein«, der den dazwischen liegenden Sattel um rund 50 m überragt. Der »Rodenstein« wird mit der »Akropolis« auf dem Staffelberg verglichen, aber Hinweise auf eine repräsentative Architektur sind nicht bekannt.

Bereits in der Spätbronzezeit wurde das 36 ha große Plateau mit einer Steinmauer mit Holzgerüst befestigt, die einem Feuer zum Opfer fiel, wieder aufgebaut wurde und abermals abbrannte. Im 5. Jh. v. Chr. bestand eine dritte, mit 6,6 m doppelt so breite Ringmauer aus trocken (ungemörtelt) gesetzten Steinen. Heute ist von all diesen Mauern nur noch ein bis zu 3 m hoher und mehrere Meter breiter Wall geblieben, der entlang der Hangkante verläuft und nur dort fehlt, wo die senkrecht abfallenden Kalksteinklippen natürlichen Schutz gewähren.

Bei Ausgrabungen im Sattel 1989 bis 1995 kam zwischen den üblichen Siedlungsabfällen ein Aufsehen erregender Fund zutage: eine Tonschnabelkanne, die einheimische Imitation einer etruskischen Bronzekanne. Fremdformen wie Schnabelkannen und ein Lesefund, die Scherbe eines griechischen Glasfläschchens, belegen den Gabentausch einer Elite mit entsprechenden Fernbeziehungen. Zwar hatten die Etrusker kein wirtschaftliches Interesse an Nordbayern, aber von der Nord-Süd-Achse, die Böhmen mit Oberitalien verband, lief ein Abstecher an der Ehrenbürg vorbei. Auf diese Weise profitierte sie von einem Fernweg, der von der Donau über Altmühl und Regnitz an den Obermain und ins Mittelrheingebiet führte.

Im Sattel wurden 93 Gruben ausgegraben, die durchschnittlich 1,5 m in den Felsen eingetieft worden waren. Diese Gruben, die zuletzt der Abfallentsorgung gedient hatten, waren ursprünglich Vorratskeller gewesen, wohl meist für Getreide. Wie Experimente gezeigt haben, ließ sich Getreide in fest verschlossenen Erdkellern fast unbegrenzt aufbewahren. Drei Kultgruben, die die unvollständigen Skelette von zwei Männern und einer Frau aus unterschiedlichen Zeiten enthielten, lassen an öffentlich vollzogene Rituale denken, die beim Füllen oder Entleeren der Vorratskeller stattfanden. Magnetometermessungen zur Folge waren im Laufe der frühlatènezeitlichen Besiedlung hochgerechnet etwa 12 000 Getreidesilos angelegt worden, d.h. ca. 2000 Keller pro Generation.

Diese hohe Zahl in Verbindung mit der starken Befestigung weist die Ehrenbürg als Zentralort aus, der von zahlreichen Höfen des Umlandes beliefert wurde, diese aber auch in Notzeiten versorgen konnte. Eine solche Vorrangstellung setzte das Vorhandensein einer organisatorisch gerüsteten Elite voraus, die durch die Praktizierung öffentlicher Kulthandlungen ihre politische Führung legitimierte – einfa-

cher ausgedrückt also Häuptlinge, Priester und Krieger, ähnlich wie in den späteren *oppida*. Die Ehrenbürg war kein Einzelfall. Sie gehörte in den Kreis der Großbefestigungen und Zentralorte zwischen Mittelrhein und Böhmen, in dem im 5. Jh. die neue Frühlatènekunst aufblühte. An der Bereitschaft zu Innovationen hat es daher in diesem Kreis gewiss nicht gefehlt. Trotzdem war diesem Keim zur Urbanisierung nirgends Erfolg beschieden. In der ersten Hälfte des 4. Jh. v. Chr. wurden alle diese Befestigungen wohl freiwillig geräumt.

Ehrenbürg, Blick nach Südosten auf den »Rodenstein«.

BISKUPIN – das »polnische Pompeji«
Gąsawa, Region Kujawien-Pommern, Polen

Auf einer ehemaligen Insel im Biskupin-See, ca. 30 km nördlich von Gniezno (Gnesen), befindet sich das berühmteste archäologische Denkmal Polens, eine Befestigung der frühen Eisenzeit aus dem 7. bis 5. Jh. v. Chr. Ihre Holzarchitektur hatte sich im sumpfigen Untergrund so herausragend erhalten, dass die Presse nach den ersten Grabungskampagnen sogar den Vergleich mit Pompeji wagte. Das war zwar ein wenig übertrieben, aber wie alte Grabungsfotos zeigen – übrigens die ersten archäologischen Luftaufnahmen, die von einem Fesselballon aus gemacht wurden – zeichnete sich der Grundriss der Siedlung in Zehntausenden von Hölzern klar und deutlich ab.

Um die kleine, nur 1,5 ha große Burg vor Wassereinbrüchen zu schützen, war sie mit einem Wellenbrecher umgeben worden, der aus 35 000 schräg in den Seeboden gerammten Pfählen bestand. Einige zusätzliche Pfahlreihen, die in der Hauptwindrichtung standen, dienten als Eisbrecher, um Beschädigungen durch treibende Eisschollen zu verhindern. Hinter dem Pfahlwerk verlief eine 3,5 m breite und rund 460 m lange Holz-Erde-Kastenmauer. Eine Eichenholzbrücke führte vom Seeufer auf die 8 m lange Torgasse zu. Über dem Durchgang erhob sich vielleicht ein Turm, dessen Konstruktion aber nicht gesichert ist.

Durch das Tor gelangte man zu einem kleinen Platz, auf den die Ringstraße mündete, die innen entlang der Mauer verlief. Von diesem Ring zweigten schmale Querstraßen ab, die die Siedlung in 13 streifenförmige Parzellen teilten. Auf den Parzellen reihten sich ohne Zwischenräume die Häuser aneinander – insgesamt etwa 105 völlig identische, etwa 9 m × 8 m große Blockbauten, deren Eingänge alle nach Süden zeigten, »etwa so, dass die Sonne um 11 Uhr vormittags in die Tür schien«! Das wird allerdings kaum geholfen haben gegen die allgegenwärtige Feuchtigkeit, obwohl die Fugen der Blockhäuser mit Moos verstopft und Lehm verputzt, die Dächer mit Schilf gedeckt wurden. Man rechnet mit 700 bis 1000 ständig hier lebenden Menschen.

Da zwar eiserne Werkzeuge, aber keine Schmiedeöfen gefunden wurden, müssen die Burgbewohner ihren Bedarf durch Handel gedeckt haben. Der Eisenhandel allein kann aber keine Erklärung für die Gründung von Biskupin gewesen sein. Die Tatsache, dass das massive Bollwerk wie auf dem Reißbrett geplant und in einem Zug erbaut wirkt, spricht eher dafür, dass es zum Schutz des Zwischenhandels entlang der so genannten »Bernsteinstraße« zwischen Ostsee und Oberitalien errichtet worden ist. Der Bedarf an diesem Luxusgut war groß, denn bei den Etruskern herrschte zu dieser Zeit eine geradezu unersättliche Nachfrage, und Biskupin lag günstig zwischen Weichselknie und Oder an einer bevorzugten Route. Biskupin war keine Stadt, aber ein wichtiger Zentralort im Transitverkehr.

Ein ortsansässiger Lehrer hatte den Fundplatz 1933 entdeckt, der von Beginn an öffentliches Interesse weckte. Die Ausgrabungen zogen Tausende von Besuchern an, darunter Politiker, hohes Militär und kirchliche Würdenträger. In den spannungsgeladenen Jahren vor dem Zweiten Weltkrieg spielte die ethnische Zuschreibung der Burg an Slawen oder Germanen eine wichtige Rolle im polnischen Geschichtsverständnis. Deshalb hatte sich nach dem deutschen Überfall auf Polen sogar die SS kurzfristig der Ausgrabungen bemächtigt. Nicht zuletzt aus eben diesem Grund wurde Biskupin nach 1945 ein Symbol für die nationale Identität Polens. Heute ist Biskupin UNESCO-Welterbe.

Die heutige Halbinsel Biskupin mit teilweise rekonstruierter Palisade und zwei Häuserzeilen.

Topografie, Architektur und Funktion der *oppida*

Oppida *sind an erster Stelle befestigte Siedlungen. Wie immer in frühgeschichtlicher Zeit waren auch die damaligen Architekten bemüht, landschaftliche Gegebenheiten bestmöglich zu nutzen. Zum Beispiel wählten sie gerne einen Felssporn, der durch einen einfachen Abschnittswall oder eine Quermauer leicht zu verteidigen war. Eine zweite Möglichkeit bestand darin, den natürlichen Schutz eines Flusslaufs auszunützen, denn mehrere* oppida*, beispielsweise Altenburg-Rheinau, Bern-Engehalbinsel und Besançon– Vesontio, wurden in Flussschleifen errichtet. Häufig wurde auch, wie in Kelheim und La Chaussée-Tirancourt, der Zwickel am Zusammenfluss zweier Wasserläufe ausgenutzt. Wenn kein natürlicher Schutz gegeben war, wurden die* oppida *rundum mit einer Ringmauer befestigt. Ein eindrückliches Beispiel dafür ist* Bibracte *auf dem Mont Beuvray, um dessen drei Kuppen herum sogar im Abstand von wenigen Jahrzehnten zweimal eine Mauer errichtet worden ist, die erste über 7 km, die zweite immerhin noch über 5 km Länge. Einen Sonderfall stellten* oppida *dar, die im Flachland lagen wie Manching oder La Cheppe, um die eine fast geometrisch exakte kreisrunde Stadtmauer gezogen wurde.*

Dennoch gab es auch deutliche Unterschiede zwischen den älteren frühgeschichtlichen Befestigungen und den *oppida*. An erster Stelle betraf dies die Größe. Während Erstere häufig nur einige Hektar besaßen, umfassten die *oppida* mehrere Dutzend oder sogar mehrere Hundert Hektar Fläche. Ein zweites Charakteristikum der *oppida*-Mauern war ihr lückenloser Verlauf. Das *oppidum* nützte nicht nur die natürliche Topografie, sondern ergänzte diese noch durch eine künstliche Befestigung. Ein typisches Beispiel dafür ist der Titelberg (Luxembourg). Die erste Befestigung, eine einfache Abschnittsbefestigung von 200 m Länge, wurde im 5. Jh. v. Chr. errichtet. Im 2. Jh. v. Chr. wurde sie verlängert und rund um das ganze *oppidum* herumgeführt. Diese Entscheidung hatte aber weder militärische noch verteidigungstechnische Gründe. Es ging ganz im Gegenteil um die symbolische Bedeutung der Mauer als Stadtgrenze, vergleichbar der Symbolik des römischen *pomerium*, der sakralen Grenze der Stadt Rom, die Romulus der Legende nach mit dem Pflug gezogen haben soll. In diesem Sinne waren die Mauern der *oppida* monumentale Sinnbilder, nicht nur der konkreten Grenze zwischen der Stadt und ihrem Territorium, sondern auch im übertragenen Sinne zwischen zwei Lebenswelten, der städtischen und der bäuerlichen.

Mauern und Tore

Im Unterschied zu Länge und Verlauf der Mauern stand deren Architektur offensichtlich in der Tradition älterer Befestigungen. Grundsätzlich fanden drei verschiedene Materialien Verwendung: erstens Holz für das Gerüst, zweitens Steine für die Front sowie drittens Erde, kleineres oder größeres Geröll für den Mauerkern. Alle drei Elemente finden sich sowohl westlich wie östlich des Rheins, sind aber unterschiedlich genutzt worden.

In Gallien herrschte der *murus gallicus* vor. Die Mauer bestand im Kern aus einem horizontalen, mit 20 bis 30 cm langen Eisennägeln verbundenen und mit Erde und Steinen verfüllten Balkengerüst, das rückwärtig mit einer Erdrampe hinterschüttet wurde. Die feindseitige Front wurde mit einer trocken (ungemörtelt) gesetzten Mauer aus unbehauenen Handquadern verkleidet, obwohl es durchaus auch Fälle gab, in denen die Quader sorgfältig zugerichtet worden waren (Fossé des Pandours, dép. Bas-Rhin, Region Alsace).

Östlich des Rheins wurde ein anderer Mauertyp, die so genannte Pfostenschlitzmauer, bevorzugt. Auch sie besaß im Inneren ein Balkengerüst, auch ihre Front bestand aus Trockenmauerwerk, das aber – wie beim *murus gallicus* – keine tragende Funktion erfüllte. Der Unterschied bestand in der Stabilisierung der Konstruktion durch senkrechte, in die Mauerfront eingelassene Pfosten, die nach ihrer Verwitterung die Namen gebenden Schlitze hinterließen.

Eine dritte Form der Befestigung, den Typ Fécamp, finden wir vor allem in Nordwest- und Zentralfrankreich. Dieser Typ besaß weder ein Holzgerüst im Inneren noch eine Mauerfassade, sondern bestand lediglich aus einem massiven Erd- oder

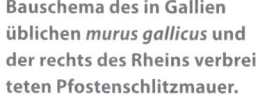

Pfostenschlitzmauer

Murus gallicus

Steinwall sowie einem vorgelagerten, manchmal extrem breiten Graben mit flacher Sohle. Laut Caesar war die oft enorme Breite dieser Wälle, die mehrere Dutzende Meter betragen konnte, für die römischen Belagerungsmaschinen ein ernst zu nehmendes Hindernis.

Die militärische Effizienz der Wälle und Mauern war das eine, deren Status anzeigende und symbolische Funktion war das andere. Die Wälle und Mauern der *oppida* waren monumentale Konstruktionen, die Prestige und Macht ausstrahlen sollten. Ein Beispiel dafür ist das *oppidum* Třísov. Dessen Mauerfront war mit großen, dünnen, aber hochkant gestellten Platten verkleidet worden, die den Eindruck erwecken sollten, es handele sich um Mauerwerk aus riesenhaften Quadern.

Die oben erwähnte symbolische Funktion der Mauer als Grenze zwischen Stadt und Land verlieh den Toren eine besondere Bedeutung. Jedes *oppidum* besaß mehrere Tore, so genannte Zangentore, die trotz mancher Unterschiede im Detail alle nach demselben Prinzip gebaut waren. Zwei nach innen rechtwinklig abknickende Mauerstümpfe bildeten eine im Schnitt ca. 20 m lange und 8 bis 10 m breite Torgasse,

Mont Beuvray–*Bibracte*, Blick
vom Innenraum des *oppidum*
nach außen. Rekonstruktion
der nördlichen Torwange der
»Porte du Rebout«, eines der
größten keltischen Zangentore. Breite des Tores 20 m;
Länge der Mauer 40 m; Höhe
ohne Brustwehr 4,0 m.

Donnersberg. Rekonstruktion
der Pfostenschlitzmauer;
Höhe 4 m.

die am Ende von einem imposanten Torturm versperrt wurde, der in der Regel zwei Durchgänge aufwies. Die Zangentore wirkten wie ein Trichter und verhinderten auf diese Weise den Sturm auf das Tor durch eine zu große Zahl von Angreifern, die überdies von drei Seiten herab beschossen werden konnten. Der strategische Nutzen stand daher außer Frage, aber zahlreiche Münzfunde in den Torbereichen weisen auch darauf hin, dass hier Kontroll- und zweifellos auch Zahlstellen eingerichtet waren. Alles in allem waren Tore die Schaustücke einer Stadt, die jeden, der sie betreten wollte, beeindrucken sollten; sie waren Repräsentanten der Macht, weil sie Zutritt gewährten oder verboten; sie waren die Hüter der »heiligen Grenze«.

Innenbebauung

Die Grabungen der letzten 25 Jahre haben zu einer wesentlich besseren Kenntnis der Innenbebauung der *oppida* beigetragen. So gab es in *Bibracte* in römischer Zeit ein Quartier, in dem verschiedene Handwerker ansässig waren, des Weiteren ein vornehmes Wohnviertel sowie einen Bereich, der politischen und religiösen Aktivitäten vorbehalten war. Die stadtplanerische Gestaltung von Variscourt/Condé-sur-Suippe (dép. Aisne, Region Picardie, F) kommt in der Aufteilung in gleich große Parzellen zum Ausdruck,

die an die *insulae* römischer Städte erinnern. In Villeneuve-Saint-Germain (dép. Aisne) teilten zwei kreuzförmige, überdachte Gräben den insgesamt 30 ha großen Innenraum der Stadt in vier ungleiche Quartiere.

Auch wenn nur wenig über öffentliche Gebäude bekannt ist, scheinen sie doch in den meisten *oppida* existiert zu haben. Dazu gehörten sicherlich zunächst die in der Tradition eisenzeitlicher Befestigungen stehenden monumentalen Mauern und Stadttore, die nach außen gerichtet waren, die aber auch identitätsstiftend nach innen auf die Bewohner selbst wirkten. Doch auch andere Bauwerke verdienen Erwähnung. Sowohl in Corent wie auf dem Martberg wurden regelrechte Tempelbezirke ausgegraben. Im *oppidum* Titelberg stand eine große dreischiffige Halle aus 16 mächtigen Holzpfosten, die wohl politischen, religiösen und wirtschaftlichen Zwecken diente.

Privathäuser waren sehr unterschiedlich gestaltet. In *Bibracte* reihten sich hinter dem Haupttor entlang der Hauptstraße kleine Häuschen eng aneinander, aber es gab auch herrschaftliche Wohnsitze im Stil der *domus*, des römischen Wohnhauses wie in Pompeji. In Manching und in Böhmen findet sich eine Aufteilung in umzäunte Wohneinheiten, die jeweils einer Familie entsprechen dürften und in denen neben einem Wohnhaus auch Nebengebäude vorhanden waren wie Speicher, Keller, Scheunen sowie meist auch Werkstätten.

»Camp de César«, Liercourt-Erondelle (dép. Somme, Region Picardie, F). In der Bildmitte der Wall vom Typ Fécamp, der das *oppidum* im Westen begrenzt. Unmittelbar davor und wohl gleichzeitig stand ein römisches Lager, dessen Gräben sich als dunkle Streifen abzeichnen.

Ökonomische, religiöse und politische Zentren

Oppida sind die ersten Städte nördlich der Alpen, dürfen aber unter keinen Umständen mit mediterranen Städten verglichen werden. Sie sind nicht deren blasse Kopie, sondern vielmehr eine der nordalpinen Gesellschaft gemäße Ausdrucksform. Sie sind eine eigenständige Antwort sowohl auf den Bedarf nach Zentralisierung, als auch auf die Bedürfnisse von Zentralorten. Sie sind Zeugen einer politischen Stabilisierung und einer internen gesellschaftlichen Entwicklung, deren wesentlichste Merkmale die Einführung der Geldwirtschaft und der Schrift sind. *Oppida* erfüllen demgemäß wirtschaftliche, religiöse und politische Funktionen: Sie sind Produktions- und Vertriebszentren sowie Schauplätze kultischer Handlungen und politischer Versammlungen.

Millionen von Weinamphoren, die nach Gallien gekommen sind (rechts des Rheins sind es ungleich weniger), dokumentieren die Handelsbeziehungen mit dem Mittelmeerraum. Gleichzeitig fanden sich in fast allen *oppida* zahlreiche Spuren von Werkstätten, mitunter regelrechte Handwerkerviertel, in denen Produkte aus Eisen und Bronze, Ton, Knochen, Glas und Email, Textilien und zweifellos vielen anderen, archäologisch nicht nachweisbaren Materialien hergestellt wurden.

Neue Ausgrabungen haben uns auch eine bessere Kenntnis der Kultplätze verschafft. Sie sind, wie in Corent und Manching, zumeist mit einem Tempel und einem großen freien Patz verbunden, der sowohl als Marktplatz als auch für politische Versammlungen dienen konnte, im Falle des Titelbergs war er sogar mit besonderen Vorrichtungen ausgestattet, die vielleicht dazu gedient haben, Wahlen durchzuführen. Die Frage, ob es sich in solchen Fällen um Einrichtungen handelte, die mit der griechischen Agorá oder dem römischen Forum vergleichbar sind, ist durchaus berechtigt. Caesar berichtet über das *oppidum Bibracte*, dass Vercingetorix hier anlässlich einer Vollversammlung aller gallischer Stämme 52 v. Chr. zum Oberbefehlshaber der gallischen Truppen gewählt wurde (bell. Gall. VII,63). Diese Passage betont die auch von anderen Texten bestätigte politische Rolle der *oppida*.

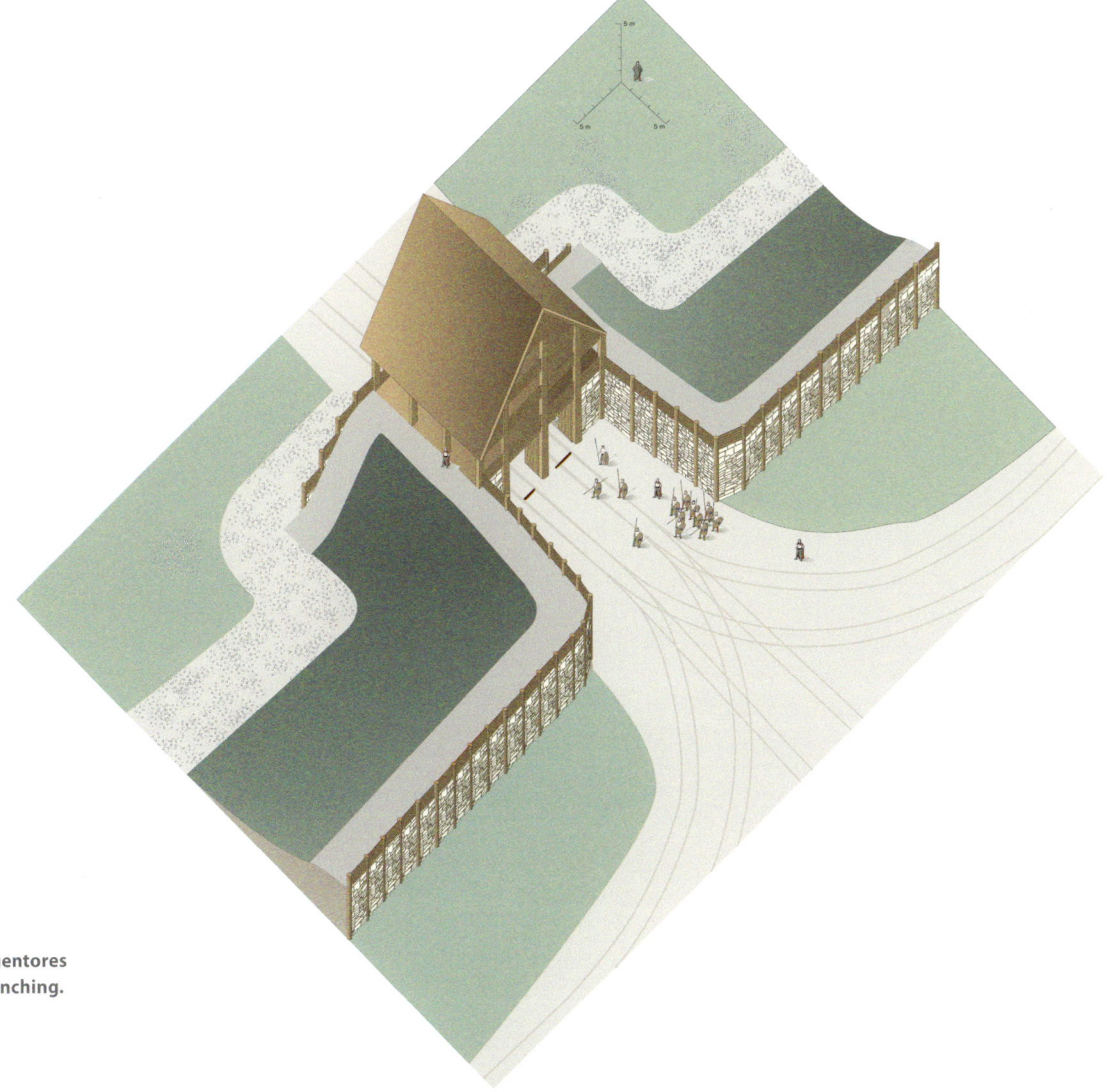

Bauschema eines Zangentores nach Befunden aus Manching.

Die ersten Städte nördlich der Alpen

Historische Schauplätze

Kaiser Napoleon III. (1852–1870) initiierte das erste große archäologische Forschungsprojekt. Es ging ihm nicht nur darum, eine Caesar-Biografie zu schreiben, die 1865 tatsächlich erschien, sondern auch darum, einen Mythos zu schaffen: die Einigung Galliens als Urbild der französischen Nation. Minutiös rekonstruierte er Caesars Taktik im Gelände, und mit den Augen des Feldherrn gelang ihm so manche Entdeckung, die von den Zeitgenossen bezweifelt, aber von der modernen Archäologie voll bestätigt wurde. Alesia, Gergovia, Bibracte – die berühmtesten oppida, *in denen sich das Schicksal Galliens entschied – verdanken ihre Lokalisierung und Erforschung dem Wissensdurst, der geschickten politischen Propaganda und nicht zuletzt der finanziellen Großzügigkeit des Monarchen. Rechts des Rheins herrschte und herrscht eine völlig andere Situation. Hier gibt es keine historische Überlieferung zu den* oppida; *die Forschung ist allein auf die Archäologie angewiesen. Hier konnte man allenfalls versuchen, römische Lager aus der Zeit der augusteischen Eroberung zu identifizieren. Nur im Fall des Dünsbergs glaubte man lange Zeit, eine keltische Befestigung vor sich zu haben, vor deren Toren sich Spuren eben dieser Eroberung erhalten hätten. Aber auch diese Hoffnung auf einen historischen Schauplatz hat sich angesichts neuer archäologischer Forschungen zerschlagen.*

ALESIA – der Ort der Niederlage
Alise-Sainte-Reine, Region Burgund, Frankreich

Mit den Worten »Das *oppidum Alesia* lag hoch oben auf einer Anhöhe, sodass die Stadt offenbar nur durch eine Belagerung zu erobern war« beginnt Caesar seine Beschreibung der letzten entscheidenden Phase des Gallischen Krieges (bell. Gall. VII,69,1). Etwa 200 m über den Talgrund erhebt sich der Mont-Auxois, dessen 97 ha große, langgestreckte Hochfläche von Natur aus überall durch steile Felswände geschützt ist, mit Ausnahme der flacher abfallenden Ränder im äußersten Osten und Westen.

Gut erforscht ist vor allem die römische Siedlung, die sich nach der Eroberung Galliens hier oben entwickelte und deren gallischer Name ALISIIA dank einer 1838 entdeckten Inschrift überliefert ist. Der rö-

mische *vicus Alesia* besaß ein Theater und ein monumentales Zentrum mit Forum und Tempel, die heute in einem gut restaurierten Zustand besichtigt werden können. Von dem gallischen *oppidum*, dem Hauptort der Mandubier, ist dagegen kaum etwas zu sehen, abgesehen von den Resten einer Verteidigungsanlage. Im Osten, im Bereich des »Croix-Saint-Charles«, wurde die Wange eines Zangentores in *murus-gallicus*-Technik identifiziert. Auch der ungefähr 30 m lange Mauerstumpf am Westrand des Plateaus gehörte zu einem Tor.

Berühmt ist *Alesia* an erster Stelle für die erfolgreiche römische Belagerung im Jahre 52 v. Chr., die den gallischen Aufstand unter Vercingetorix und damit die Eroberung Galliens beendet hat. Aus diesem Grund erregten die beiden, von Caesar ausführlich beschriebenen römischen Befestigungslinien schon im 19. Jh. Aufmerksamkeit. Napoleon III. beauftragte Oberst Baron E. Stoffel 1861 bis 1865 mit weiträumigen Ausgrabungen um den Mont-Auxois herum. Obwohl damit Caesars Angaben bis in Einzelheiten bestätigt wurden, haben erst die modernen französisch-deutschen Grabungen 1991 bis 1997 unter Leitung von Michel Reddé und Siegmar von Schnurbein den jahrzehntelangen Gelehrtenstreit über die Lokalisierung von *Alesia* endgültig beenden können.

Der Grundriss des caesarischen Belagerungswerkes, das sich insgesamt über 5,5 km Länge und

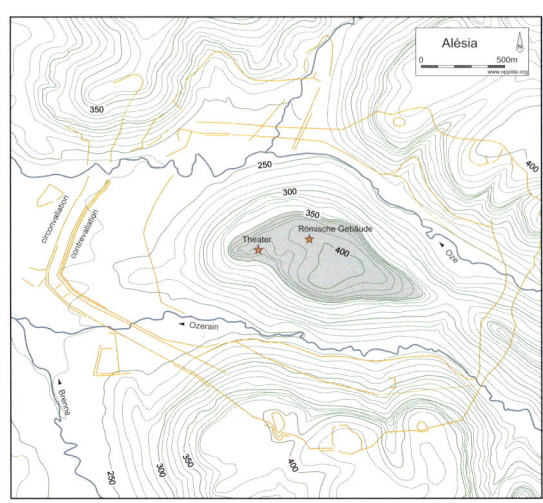

4,5 km Breite rund um den Mont Auxois erstreckte, war größtenteils schon im 19. Jh. bekannt, ist aber durch Luftaufnahmen von René Goguey und die modernen Grabungen wesentlich ergänzt worden. Das System bestand aus einem inneren Belagerungsring, der auf das *oppidum* gerichtet war, von Napoleon als »contrevallation« bezeichnet, und aus einem äußeren Verteidigungsring, der »circonvallation« zur Abwehr der gallischen Truppen, die Vercingetorix zu Hilfe kommen wollten. In der Ebene verliefen diese Ringe parallel im Abstand von ca. 160 m. Sie bestanden jeweils aus einem 5 m breiten *agger*, einem Wall aus Erde und Rasensoden, der im Abstand von 15 m mit Holztürmen bestückt war. Unmittelbar vor jedem Wall verlief ein Graben, dem ein 8 bzw. 16 m breiter Streifen folgte, der mit Annäherungshindernissen – Zaunreihen, dicht gesetzten *stimuli* (kurzen Holzpfählen, allerdings ohne die von Caesar erwähnten eisernen Widerhaken) oder Fallgruben – gespickt war. Feindseitig schlossen sich ein oder zwei weitere Gräben an, die streckenweise Wasser führten, sodass insgesamt eine 15 bzw. 25 m tief gestaffelte unüberwindbare Barriere entstand.

Vervollständigt wurde das monumentale Befestigungssystem durch die auf den umliegenden Anhöhen errichteten römischen Lager der »circonvallation«. In »camp C« kamen zwei kleine Schleuderkugeln aus Blei mit der Inschrift T. LABI. zutage, die die Anwesenheit des Legionslegaten T(itus) Labi(enus) bezeugen, Caesars wichtigster Offizier. Was will die Archäologie mehr als solche glücklichen Zufälle!

GERGOVIA – ein gallischer Sieg
Gergovie-La Roche Blanche, Region Auvergne, Frankreich

Zweifellos hatte Caesar seinen Sieg in *Alesia* vor allem den schlechten Erfahrungen zu verdanken, die er im selben Jahr kurz zuvor in *Gergovia* hatte machen müssen. Die Geburtsstadt des Vercingetorix, der sich hier verschanzt hatte, lag ebenfalls »auf einem sehr hohen Berg und war daher von allen Seiten nur schwer zugänglich« (bell. Gall. VII,36,1). Ein sofortiger Angriff auf das *oppidum* auf dem 70 ha großen Basaltplateau mit allseits steil abfallenden Hängen, das die Ebene mehr als 300 m überragte, erschien aussichtslos. Wenn man Caesar Glauben schenken will, bestand seine Taktik deshalb darin, *Gergovia* erst zu stürmen, wenn er Vercingetorix vom Nachschub abgeschnitten hatte. Aber er schlug zu früh los, der Plan misslang, und die Römer mussten den Rückzug antreten.

Die Örtlichkeit dieser Schlacht war lange Zeit umstritten. Wieder waren es Napoleon III. und der erfahrene Oberst Stoffel, die 1862 mit dem sicheren Blick des Militärs unterhalb des Plateaus von *Gergovia* Ausgrabungen durchführten und die römischen Belagerungsanlagen identifizierten. Sowohl die von Caesar erwähnten Lager, als auch der sie verbindende »doppelte Graben« mit typisch römischem, V-förmigem Querschnitt wurden lokalisiert. Im Unterschied zu *Alesia* sind diese Ergebnisse freilich nur spärlich dokumentiert worden mithilfe von Stein-

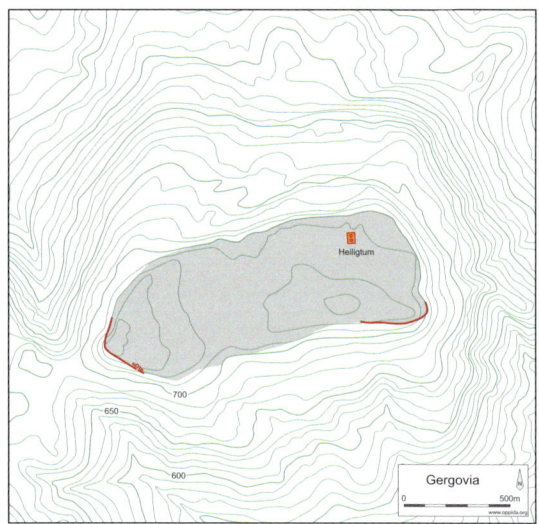

de aus den Gräben, u. a. eiserne Katapultspitzen, stützen deren militärische Nutzung.

Wann das *oppidum Gergovia* gegründet wurde, ist unklar; mit Sicherheit wissen wir nur, dass die Befestigung im Jahr 52 v. Chr. existierte. Der Südhang des Plateaus wurde durch eine in die Mitte des 1. Jh. v. Chr. datierte Trockenmauer geschützt, der eine in den Fels gehauene 9 m breite Terrasse vorgelagert war. Möglicherweise stand Caesar, der eine Absperrung erwähnt, während der Schlacht selbst vor eben dieser Mauer. Über die zu dieser Befestigung gehörige Innenbebauung ist kaum etwas bekannt, aber zahlreiche Münzen und Importe aus dem Mittelmeerraum lassen auf eine herausragende wirtschaftliche Bedeutung des Ortes in der zweiten Hälfte des 1. Jh. v. Chr. schließen. Im letzten Jahrzehnt v. Chr. wurde das *oppidum Gergovia* zugunsten der städtischen Neugründung *Augustonemetum*, dem antiken Vorläufer des heutigen Clermont-Ferrand, verlassen. Nur zwei kleine gallo-römische Heiligtümer des Plateaus sind, wie das so üblich war, auch während der folgenden drei Jahrhunderte immer wieder aufgesucht worden.

Dass es sich bei der Befestigung auf dem Plateau von Gergovie in der zweiten Hälfte des 1. Jh. v. Chr. um den Nachfolger von Corent als Hauptort der Arverner handelte, ist heute unbestritten. Doch dafür ist eine andere Frage aufgetaucht: In einem Umkreis von 15 km Durchmesser existierten drei große *oppida* – Corent (ca. 120/100 – 30/20 v. Chr.), Gondole (90/80 – 30 v. Chr.) und *Gergovia* (60? – 10/1 v. Chr.).

markierungen im Gelände, die in einem Übersichtsplan festgehalten wurden.

Moderne Untersuchungen, vor allem in den Jahren 1995 bis 1996, konnten Stoffels Grabungsergebnisse jedoch größtenteils voll und ganz bestätigen. Das »kleine Lager« mit einer Fläche von nur 5,5 ha, ursprünglich ein gallischer Vorposten, lag ca. 1250 m südlich des *oppidum* auf der steil abfallenden Kuppe von »La Roche Blanche«, die Caesar durch einen Überraschungsangriff in seine Gewalt gebracht hatte. Er stationierte dort zwei Legionen und ließ den erwähnten 3,5 km langen Doppelgraben zum östlich stehenden Hauptlager »Serre d'Orcet« ausheben. Funde aus den Gräben, u. a. eiserne Katapultspitzen, stützen deren militärische Nutzung.

Gergovia, **Blick nach Westen und auf die Ausläufer von Clermont-Ferrand. Am Ostrand des 1500 m langen und 500 m breiten Plateaus steht weithin sichtbar das Denkmal zur Erinnerung an die Schlacht von** *Gergovia.*

La Chaussée-Tirancourt, Blick von Osten auf das Tor im Bereich des modernen Weges. Auf dem linken Feld zeichnet sich der Graben des Innenwalls als schwacher dunkler Streifen ab.

Während man bis vor einigen Jahren noch davon ausging, dass sich die drei Befestigungen – in dieser Reihenfolge – zeitlich abgelöst hätten, hat sich nun in den jüngsten Grabungen gezeigt, dass sie mehrere Jahrzehnte gleichzeitig bewohnt waren. Man würde gerne wissen, wie der Wechsel von Corent nach *Gergovia* zustande kam, welche Rolle Gondole spielte und worin die unterschiedlichen Funktionen bestanden.

LA CHAUSSÉE-TIRANCOURT –
römischer Truppenstandort
Region Picardie, Frankreich

Eine der bemerkenswertesten Befestigungen Nordwestfrankreichs ist das »Camp de César« bei La Chaussée-Tirancourt, 10 km östlich von Amiens, der Hauptstadt der Picardie. Ihre Bezeichnung verdankt sie dem Grafen von Allonville, der sie 1828 als caesarisches Lager im Feldzug gegen die Belger im Jahr 54 v.Chr. gedeutet hatte. 1893 identifizierte O. Vauvillé, ein enthusiastischer und unermüdlicher *oppida*-Ausgräber der Picardie und Normandie, der auch einen Schnitt durch den Wall von La Chaussée-Tirancourt gelegt hatte, »gallische« Scherben und bezeichnete die Anlage als keltisches *oppidum*. Über 150 Jahre später fanden erneut Grabungen im Bereich des Tores statt (1983–1993). Aufgrund der Funde und deren Datierung kehrten die Ausgräber wieder zu der Überzeugung zurück, dass es sich um ein römisches Militärlager gehandelt habe – allerdings aus der Zeit

nach der Eroberung Galliens, aus der zweiten Hälfte des 1. Jh. v.Chr.

»Camp de César« liegt auf dem Kreideplateau der Picardie, im Land der Ambianer, eines kleinen Stammes der *Gallia Belgica*. Die Topografie der 35 ha großen Befestigung auf einem Felssporn im Zwickel zwischen zwei Wasserläufen, der von einem Wall abgeriegelt wird, entspricht einer klassischen *oppidum*-Lage. Im Süden überragt der Sporn das sumpfige Tal der Somme (im Hintergrund), im Norden das Flüsschen Acon (rechts im Bild), und die dritte Seite bildet ein gewaltiger, über 500 m langer Abschnittswall, der noch etwa 5 m hoch ist und fast einen Halbkreis be-

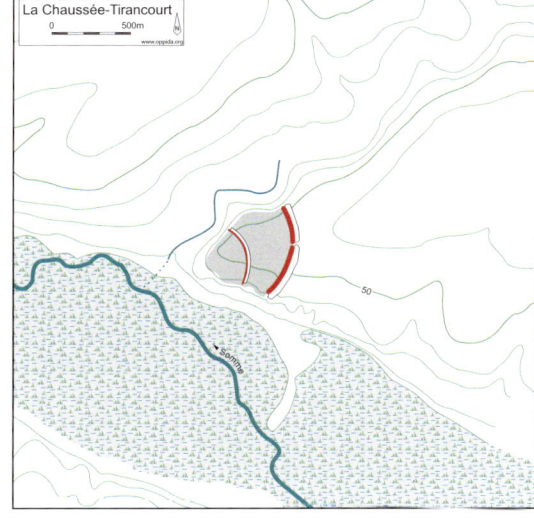

schreibt. Ihm vorgelagert ist ein 20 m breiter, typisch keltischer Graben mit flacher Sohle, der im Gelände noch deutlich zu erkennen ist. In der Mitte dieser fast 50 m breiten Befestigung befand sich der Hauptzugang, ein Zangentor mit Torturm. Wall und Tor wiesen zwei Bauphasen auf. Der Wall bestand zunächst aus einer einfachen Erdaufschüttung vom Typ Fécamp, wie er typisch war für die *Gallia Belgica*, wurde aber nach einem Brand des Tores durch eine Mischung aus Pfostenschlitzmauer und *murus gallicus* ersetzt. Eine zweite, kleinere, ebenfalls halbkreisförmige Wallgrabenanlage, die den Innenraum durchquerte, trennte eine Fläche von nur etwa 10 ha ab.

Aus heutiger Sicht lassen Topografie und Architektur am Charakter eines *oppidum* keinen Zweifel, sodass sich der Platz eine vierte Umdeutung gefallen lassen muss. Aber die Funde geben nach wie vor ein Rätsel auf. Vor allem die auffallend hohe Zahl von Münzen aus Marseille – *Massalia* und von ostgallischen Prägungen lässt sich eigentlich nur mit der Anwesenheit fremder Truppen erklären. Das wirft Fragen auf, die sich bisher nicht beantworten ließen: Lebten hier einheimische Zivilbevölkerung und römische Besatzung zusammen, wie es im *oppidum* Titelberg der Fall war? Oder waren hier nur Soldaten stationiert? Handelte es sich weniger um eine Stadt als vielmehr um eine Kaserne?

Die Tatsache, dass La Chaussée-Tirancourt keinen Einzelfall darstellt, macht die Deutung nicht einfacher. Durch das Tal der Somme ziehen sich in regelmäßigen Abständen befestigte Siedlungen von gleicher Größe und Architektur wie Mareuil-Caubert, Liercourt-Érondelle und Chipilly. Diese *oppida*-Linie wurde von einigen Forschern als eine Art früher Limes gedeutet, den die römische Besatzungsmacht angelegt habe. Dies dürfte zwar kaum der Fall gewesen sein, aber die Reihung zeugt zumindest von einer straff organisierten Überwachung des Sommetals, dem Rückgrat des Territoriums der Ambianer.

DÜNSBERG – Schlachtfeld oder Opferplatz?
Biebertal-Fellingshausen, Hessen

Schon von der Autobahn aus ist der flache Kegel mit dem Sendeturm weithin sichtbar. Obwohl der Dünsberg nur knapp 500 m hoch ist, beherrscht er mit seiner markanten Silhouette das obere Lahntal zwischen Gießen und Wetzlar. Vom Gipfel aus reicht der Blick bis zu den Höhen des Taunus, allerdings, weil der Berg heute dicht bewaldet ist, nicht ins Tal hinab. In keltischer Zeit war das anders. Damals bot die kahle Kuppe rundum hervorragende Sicht, auch in Richtung der Wetterauer Senke, eine der wichtigsten Verbindungen zwischen Mittel- und Südwestdeutschland. Durch

dieses »Einfallstor« sind (wenn wir Caesar Glauben schenken wollen) um 80/70 v.Chr. über 100 000 Germanen unter ihrem Häuptling Ariovist nach Gallien gezogen. 60 Jahre später marschierten die römischen Legionen unter Drusus, Adoptivsohn des Kaisers Augustus und Oberbefehlshaber der Rheinarmee, in entgegengesetzte Richtung nach Germanien.

Das *oppidum* Dünsberg weist typische Merkmale der Mittelgebirgszone auf: Ringwälle und so genannte Podien. Die drei Befestigungsringe mit vorgelagerten Gräben stammen – zumindest ursprünglich – wohl aus unterschiedlichen Zeiten. Innerhalb des obersten Walls fanden sich Spuren der Spätbronzezeit; zum mittleren Ring gehörte eine Siedlung des 6. bis 4. Jh. v.Chr.; der Außenring, eine 3,5 km lange Pfostenschlitzmauer umschloss ein 90 ha großes *oppidum* des 2./1. Jh. v.Chr. Neuen dendrochronologischen Daten zur Folge wurde diese Mauer zwischen 110 und 96 v.Chr. erbaut, aber die Besiedlung des Berges hatte zu dieser Zeit schon längst städtische Form angenommen. Die Mauer besitzt insgesamt sieben Tore, darunter drei klassische Zangentore, und schließt drei Quellen ein, die in hölzerne Becken gefasst waren. Ungeklärt ist bis heute die Bedeutung der »Strahlenwälle«, die von den Toren aus radial zur Befestigung und senkrecht zum Hang talabwärts verlaufen, aber keinen fortifikatorischen Zweck erkennen lassen.

Bei den Podien handelt es sich um kleine, durchschnittlich nur 10 m × 5 m messende künstliche Terrassen. Hausgrundrisse, Herdstellen und Funde von handwerklichen Tätigkeiten zeigen, dass es sich um Wohnplätze gehandelt haben muss. Insgesamt sollen etwa 2000 dieser Podien bekannt sein. Auch wenn sie nicht alle gleichzeitig bewohnt waren, sind sie doch ein Hinweis darauf, dass in und um den Dünsberg herum Tausende von Menschen gelebt haben.

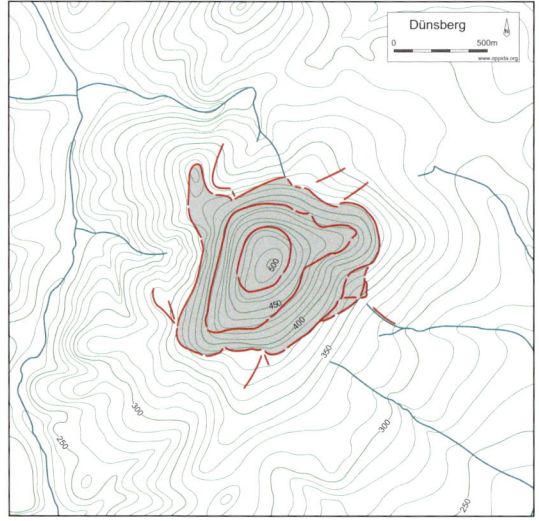

Dünsberg, Blick nach Nordosten. Rechts vom *oppidum* liegt Fellingshausen. Im Hintergrund links sind die Höhen des Gladenbacher Landes, rechts die Lahnberge zu erahnen.

Das größte Rätsel des Dünsberges bildete lange Zeit der Massenfund vor Tor 4. Jahrzehntelang hatten Raubgräber hier Hunderte, vielleicht sogar Tausende von Objekten aus dem Boden gewühlt: Lanzenspitzen, Schwert- und Schildfragmente, prunkvolles Pferdegeschirr. Eine kleine Anzahl typisch römischer Waffen wie Schleuderbleie und Spitzen von *pila*, den römischen Wurflanzen, führte zu der Überzeugung, dass hier die Überreste eines Schlachtfeldes aus der Zeit des Drususfeldzuges 10/9 v. Chr. entdeckt worden seien. Doch die modernen Grabungen 1999 bis 2004 haben die Schlachtfeldtheorie ins Wanken gebracht. Erstens zeigen Münzen und Fibeln, die beiden »Chronometer« der *oppida*-Zeit, dass die einheimische Bevölkerung den Dünsberg längst verlassen hatte, als die Römer in der Wetterau auftauchten.

Zweitens sind Umfang, Auswahl und Zustand der meisten Objekte vor Tor 4 typisch für kollektive Kulthandlungen. Datierung und Streuung der Objekte lassen den Schluss zu, dass hier seit dem 3. Jh. v. Chr., also über Generationen hinweg, immer wieder, vor allem von Männern, absichtlich unbrauchbar gemachte (eigene oder erbeutete?) Waffen sowie Pferde und Pferdegeschirr geopfert worden sind. Die Frage, ob die römischen Ferngeschosse ebenfalls Bestandteile der Opferhandlungen waren, oder ob sie tatsächlich von einem Kampf vor Tor 4 stammten, der aber nichts mit dem Drususfeldzug zu tun hatte, muss erst einmal offen bleiben. Wie auch immer diese Frage einmal beantwortet werden wird, sicher ist, dass das *oppidum* Dünsberg zu den religiösen Zentren der Mittelgebirgszone gehörte.

Meilensteine der Forschung

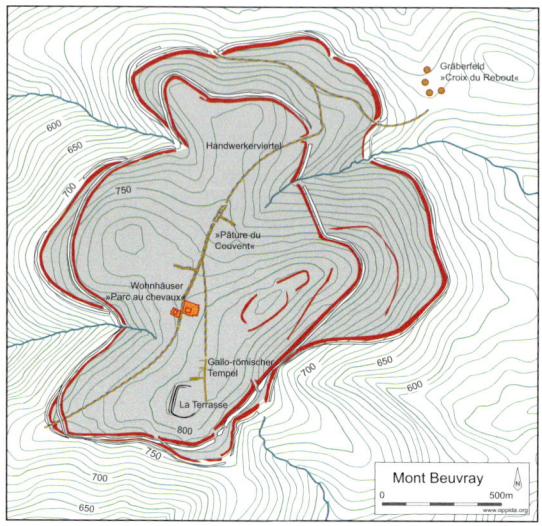

Jede Fachgeschichte hat ihre Leuchttürme. An ihnen lässt sich zeigen, wie und warum sich einzelne Forschungsräume und Forschungsphasen entwickelt haben – abhängig jeweils von Politik und Gesellschaft, von historischen Ereignissen und dem, was man Zeitgeist nennt. Wie in jeder Wissenschaft sind es aber auch bestimmte Personen, zufällige Entdeckungen und nicht zuletzt der Stand der Technik gewesen, die die Fachgeschichte der Archäologie bestimmt haben. Während in Frankreich unter Napoleon III. die Historischen Vereine danach fieberten, dem Boden ein Stück gallischer Geschichte zu entreißen, wühlten in Tschechien (Stradonice) die Raubgräber nur nach Gold, worunter der Forschungsstand bis heute leidet. Während in Tschechien Mitte der 1930er-Jahre ein aufgeschlossener Staatspräsident die modernste Vorkriegsgrabung in einem oppidum *(Staré Hradisko) finanzierte, zerstörten in Deutschland die geheimen Kriegsvorbereitungen der Nationalsozialisten fast die Hälfte des antiken Manching. Wie würde heute die Bibracte-Forschung aussehen, wenn Joseph Déchelette nicht schon 1914 gefallen wäre? Welche Rolle hätte das Steinsburgmuseum – eines der ersten, das im Zusammenhang mit einem Fundort entstand – in der deutschen Eisenzeitforschung gespielt, wenn 1945 die deutsch-deutsche Grenze 5 km nördlicher gezogen worden wäre?*

BIBRACTE – »das bei weitem größte und reichste oppidum der Haeduer«

Glux-en-Glenne/Saint-Léger-sous-Beuvray, Region Burgund, Frankreich

Bibracte ist in verschiedener Hinsicht ein besonderer Fall. So wird es z.B. als einzige Befestigung von Caesar in seiner Berichterstattung über den Gallischen Krieg mehrfach erwähnt und u.a. als »das bei weitem größte und reichste *oppidum* der Haeduer« bezeichnet. Eben hier verbrachte Caesar den Winter 52/51 v.Chr. und verfasste diesen Bericht (bell. Gall. I,23,1).

Bibractes Erforschung ist – ähnlich wie im Falle von Troja – vor allem dem unbeirrbaren Glauben eines Laienforschers zu verdanken: Jacques-Gabriel Bulliot, ein Weinhändler und gelehrter Hobby-

Archäologe aus Autun, war – im Unterschied zu seinen Zeitgenossen – davon überzeugt, dass das antike *Bibracte* nicht in Autun, sondern auf dem Mont Beuvray gelegen haben müsse. Es gelang ihm, von Napoleon III. ein Startkapital für eine Ausgrabung zu erhalten, die er schließlich insgesamt 28 Jahre lang fortsetzte (1867–1895). Sein Lebenswerk wurde 1897 bis 1907 von seinem Neffen Joseph Déchelette weitergeführt, der bereits ein professioneller Altertumsforscher und einer der Begründer der französischen Archäologie war. 1904 veröffentlichte Déchelette den ersten Gesamtplan vom Mont Beuvray, der 80 Jahre lang das Bild der Wissenschaft von einer keltischen Stadt prägte. Freilich waren die Grabungen des 19. Jh. noch weit entfernt von den Anforderungen, die heutzutage an die Archäologie gestellt werden. 1984 wurde daher das internationale Forschungszentrum *Bibracte* ins Leben gerufen. Mehrere europäische Archäologenteams nahmen die Untersuchungen im Gelände wieder auf, die bis heute andauern und eine Fülle völlig neuer Erkenntnisse erbracht haben.

Bibracte liegt auf dem 821 m hohen Mont Beuvray am Südrand des Morvan, einem Ausläufer des Zentralmassivs, und überragt die Ebene des Arroux, eines kleinen Nebenflusses der Loire. Auf den ersten Blick wirkt die Lage des *oppidum* isoliert und durch das unwirtliche Klima wenig einladend. Doch großräumig gesehen liegt *Bibracte* auf halbem Weg zwischen den wichtigsten Verkehrswege der Region, zwischen der Loire im Westen und der Saône im Osten, und damit an einem Knotenpunkt zwischen verschiedenen politischen und ökonomischen Netzwerken. Diese Position dürfte maßgeblich zu seinem Reichtum beigetragen haben. Dieser ist im Übrigen ein leuchtendes Beispiel dafür, dass er an andere Bedingungen geknüpft war als an eine Lage im Tal.

Bereits im 3. Jh. v. Chr. scheint der Mont Beuvray regelmäßig aufgesucht worden zu sein. Bis in diese Zeit reichen die Funde von »La Terrasse« zurück, einem eingefriedeten Platz auf dem Gipfel des Mont Beuvray, der als Kult- und Versammlungsplatz gedeutet wird. Die Kontinuität religiöser Aktivitäten in diesem Bereich ist nie erloschen. Sie reicht, auch nach dem Verfall des *oppidum*, vom Tempelchen der römischen Kaiserzeit bis zu der kleinen Martinskapelle von 1873, die heute noch genutzt wird.

Die Stadt wurde erst um 120/100 v. Chr. sozusagen auf der grünen Wiese gegründet. Tausende von Menschen müssen sich zusammengeschlossen haben, um die beiden Befestigungsringe zu bauen, die heute noch als gewaltige Wälle im Gelände sichtbar sind. Zuerst entstand eine rund 7 km lange Mauer, die 200 ha umfasst, die aber um 100 v. Chr. von einem kleineren, 5 km langen Mauerring ersetzt wurde, der immerhin noch 135 ha einschließt. 15 Tore wurden identifiziert, die freilich nicht alle gleichzeitig in Benutzung waren. Das Haupttor der Innenbefestigung, die »Porte du Rebout«, ein 40 m langes und 20 m breites Zangentor und damit eine der größten keltischen

Toranlagen, die wir kennen, wies vier Umbau- und Reparaturphasen auf, davon drei in *murus-gallicus*-Technik.

Wenn ein *oppidum* die Bezeichnung »keltische Stadt« verdient, dann ist es *Bibracte*. Sein Innenraum wurde von Anfang an beherrscht von einer breiten, die gesamte Stadt durchquerenden Hauptstraße, entlang derer sich unterschiedliche Bereiche entwickelten. Im Laufe der Zeit sind diese Bereiche allerdings immer wieder umgestaltet worden, am nachhaltigsten beim Umbau der Stadt von Holz in Stein um 50/40 v. Chr. Diese jüngste römische Steinbauphase, die viele ältere Holzgebäude zerstört, aber selbst die dauerhaftesten Spuren hinterlassen hat, ist daher am besten bekannt. Aus dieser Zeit stammt eine dicht bewohnte Handwerkersiedlung hinter der »Porte du Rebout«, während im Bereich »Parc aux Chevaux« vornehme Wohnhäuser in italischem Stil errichtet wurden. Typisch urbane Merkmale waren öffentliche Bauwerke, z. B. das monumentale Brunnenhaus »Fontaine Saint-Pierre« und insbesondere das – in der keltischen Welt singuläre – Wasserbassin inmitten der Hauptstraße. Die größte Überraschung der letzten Jahre aber bot zweifellos ein Baukomplex im Zentrum des *oppidum* auf der »Pâture du Couvent«: Hier erstreckte sich in der zweiten Hälfte des 1. Jh. v. Chr. – nach stadtrömischem Vorbild – entlang der Hauptstraße eine 80 m lange, wohl offene Halle, hinter der eine Reihe kleiner Räume lag, die Läden, Büros oder Kneipen gewesen sein können. Ein repräsentatives großes Tor durchbrach diese Ladenreihe und führte

Mont Beuvray–*Bibracte*, Blick nach Westen, Richtung Autun.

auf einen Hof, hinter dem sich ein weithin sichtbares, ein- oder zweistöckiges Gebäude mit umlaufender Säulenhalle erhob, das als Basilika (Rathaus, Gericht, Markthalle) gedeutet wird. Vor der Basilika öffnete sich ein weiter Platz, vergleichbar dem römischen Forum (Markt- und Versammlungsplatz). Der ganze Komplex war – zu dieser Zeit im nördlichen Gallien – einzigartig, ein grandioses architektonisches Signal des privilegierten Status der Haeduer-Elite.

Trotzdem konnte *Bibracte* nicht überleben. Je weiter die Romanisierung Galliens voranschritt, umso weniger entsprach seine Topografie noch den wirtschaftlichen Anforderungen der Zeit. Im letzten Jahrzehnt des 1. Jh. v. Chr. wurde das *oppidum* zugunsten der städtischen Neugründung von Autun–*Augustodunum* stückweise aufgegeben. Die Mauern der Stadt verfielen. Sie bildeten einen bequemen Steinbruch für die Franziskaner, die im 15. Jh. auf der Suche nach Abgeschiedenheit auf den Mont Beuvray pilgerten und auf den Ruinen der einst so betriebsamen gallischen Stadt ein Kloster gründeten.

MURCENS – gallische Mauern
Cras, Region Midi-Pyrénées, Frankreich

Der *murus gallicus*, wörtlich »die gallische Mauer«, die Caesar anlässlich seiner Belagerung von Bourges–*Avaricum* 52 v. Chr. so treffend beschrieben hat (bell. Gall. VII,23), wurde schon 1843 erstmals im Gelände identifiziert. Aber die betreffende Publikation von J.B.P. Jollois über Saint-Baslemont (dép. Vosges, Region Lothringen, F) fand in Paris keine Beachtung, und das Wissen ging wieder verloren. 1852 veröffentlichte der führende Altertumswissenschaftler Arcisse de Caumont sogar die Befestigung von Vertault–*Vertillum* (dép. Côte-d'Or, Region Burgund, F), ohne darin die von Caesar beschriebene Mauertechnik zu erken-

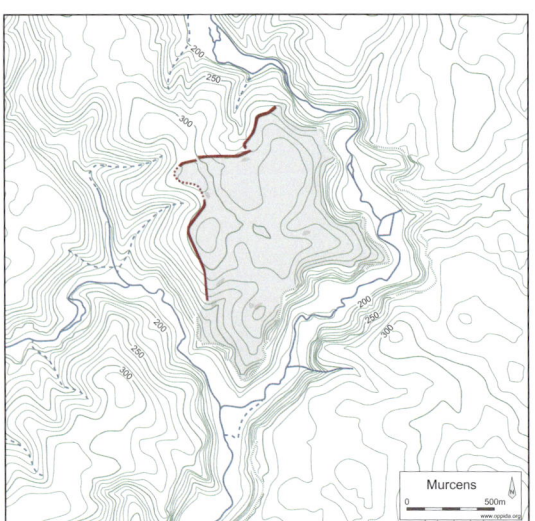

nen. Auch J.-G. Bulliot hatte 1867, zu Beginn seiner Grabungen in *Bibracte*, diesen Zusammenhang noch nicht gesehen. Dies blieb dem Heimatforscher E. Castagné vorbehalten, der zu Beginn des Jahres 1868 die Übereinstimmung zwischen den Mauern von Murcens und *Avaricum* erkannte und zum Beweis einige *murus-gallicus*-Nägel an das Archäologische Nationalmuseum in St. Germain-en-Laye schickte. Die wissenschaftliche Ehre, die diese Entdeckung verdient hätte, heimste trotzdem de Caumont ein, weil er rasch eine zusammenfassende Abhandlung über die *muri gallici* von Vertault, *Bibracte* und Murcens veröffentlichte, die noch 1868 erschien.

Das *oppidum* Murcens war seit Beginn des 19. Jh. bekannt, aber erst die Ausgrabungen des Abtes Cuquel 1865 hatten die Aufmerksamkeit Napoleons III. für den Fundort geweckt, der zu jener Zeit noch mit dem von Caesar belagerten *oppidum Uxellodunum* gleichgesetzt wurde. Aus diesem Grund hatte der Kaiser Castagné 1868 mit der Erforschung der Befestigung von Murcens beauftragt. Inzwischen haben neuere Forschungen allerdings gezeigt, dass *Uxellodunum* auf dem benachbarten Puy d'Issolud lag.

Das 50 ha große *oppidum* Murcens thronte auf einem Plateau, das im Osten und Süden durch steile Felswände geschützt war, die senkrecht zu zwei kleinen Flüsschen abstürzen. Der Zugang im Westen und Norden wurde durch einen 2 km langen *murus gallicus* versperrt, dem ein Graben vorgelagert war. Castagné hatte insofern Glück, weil der Wall noch 5 m hoch, d.h. die Mauer noch recht gut erhalten gewesen war.

Der *murus gallicus* von Murcens war auf einer künstlich angelegten Terrasse errichtet worden. Er besaß eine Breite von ca. 10 m und eine horizontale Konstruktion aus längs und quer verlegten Balken,

Murcens, Blick nach Westen. Das *oppidum* liegt auf dem durch steile Felswände geschützten Plateau.

wie Caesar sie beschrieben hat. Die Ergebnisse des 19. Jh. sind im Wesentlichen durch eine Nachgrabung 1982 bestätigt worden. Die »gallische Mauer«, die Murcens schützte, ist nicht nur eines der am besten erhaltenen, sondern auch eines der südlichsten Beispiele dieser aufwendigen Festungsarchitektur. Das *oppidum* wurde bereits vor der Eroberung Galliens aufgegeben.

STRADONICE – im Goldrausch
Region Mittelböhmen, Tschechien

Am 2. August 1877 wurden auf dem »Hradiště« (Burgwall) in der Gemeinde Stradonice am Südufer der Berounka zufällig etwa 200 Goldmünzen entdeckt. Dieser Jahrhundertfund löste einen wahren Goldrausch aus. Schlagartig trat das *oppidum* Stradonice nicht nur ins Bewusstsein der sich gerade etablierenden Eisenzeitforschung, sondern wurde auch zur Zielscheibe von Glücksrittern aus ganz Europa, die über den Berg herfielen. Sie durchwühlten das gesamte Plateau, fanden aber keine einzige Goldmünze mehr. Stattdessen wurden 300 Tonnen Tierknochen eingesammelt, die von einer Zuckerfabrik angekauft und zu Knochenmehl verarbeitet wurden, das zum Bleichen von Rohzucker diente. Geschätzte 100 000 echte und gefälschte Funde – Münzen, Bronzeschmuck, Eisenwerkzeuge, Waffen, Glasarmringe, bemalte Keramik – wurden damals in die ganze Welt

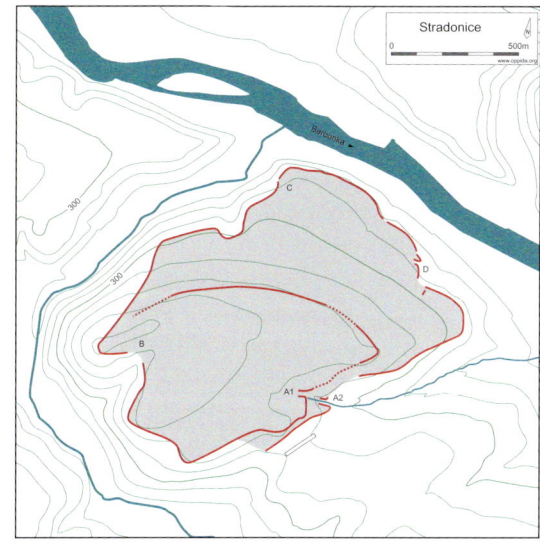

verkauft, an Sammler und Museen, in deren Magazinen sie größtenteils bis heute unerforscht schlummern.

1895 und 1902 fanden erstmals systematische Ausgrabungen statt unter J. L. Píč, dem Leiter der Vorgeschichtlichen Abteilung des Nationalmuseums Prag. Ihm ist eine opulente, die erste und für lange Zeit einzige Publikation zu verdanken, die von Déchelette, dem Ausgräber von *Bibracte*, ins Französische übersetzt wurde. Déchelette, der dazu eigens Tschechisch gelernt hatte, war 1899 nach Prag gereist. Er erkannte sofort die Gemeinsamkeiten im Fundmaterial zwi-

Stradonice, Blick nach Osten. Links im Bild die Berounka, im Hintergrund die Gemeinde Stradonice, im Vordergrund das Städtchen Nižbor.

schen Stradonice einerseits und *Bibracte* andererseits. Für ihn war es daher keine Frage, dass es sich bei Stradonice um ein *oppidum* der »keltischen« Boier handelte, das zu einer europaweiten »keltischen *oppida*-Zivilisation« gehört habe. Obwohl dies eine unzulässige Vereinfachung war, weil die materielle *Latène*kultur das eine und keltische *Ethnizität* das andere ist, aber beide nicht zwingend identisch sein müssen, beeinflusste Déchelette's Definition die Eisenzeitforschung nachhaltiger als jede andere These (und hat daher mit einer kaum zu überschätzenden Wirkung auch das heutige Allgemeinwissen über »die Kelten« geprägt). Man kann daher gar nicht oft genug betonen, dass wir weder wissen, ob die Boier Kelten waren, geschweige denn, wie sich die Bewohner der böhmischen *oppida* selbst bezeichnet haben. Es ist daher durchaus verständlich, dass der Historiker Píč bis zu seinem Lebensende an der absurden Idee festgehalten hat, Stradonice sei ein germanischer Königssitz gewesen!

1929 begann Albín Stocký, der Nachfolger von Píč, mit einer – vom ersten tschechoslowakischen Staatspräsidenten großzügig finanzierten – Plangrabung. Ziele waren die Befestigung und der Innenraum der »keltischen Stadt«, wie man Stradonice jetzt allgemein nannte. Die von den Raubgräbern durchwühlte Fläche erwies sich jedoch als unergiebig; der frühe Tod des Ausgräbers und Kriegsverluste verhinderten eine Veröffentlichung der Ergebnisse. Um Stradonice wurde es still. Erst 1981 erzwang der Bau einer Gasleitung eine moderne archäologische Untersuchung, die erstmals verlässliche Aussagen zur Siedlungsstruktur erlaubte. Nach Ansicht der Ausgräber Alena Rybová und Peter Drda begann die Besiedlung auf dem »Hradiště« schon um die Mitte des 2. Jh. v. Chr., als sich auf dem Plateau die ersten Handwerker und Händler niederließen. Gegen Ende des 2. Jh. erhielt der Platz eine Ringbefestigung, die 90 ha einschloss. Zu einem späteren Zeitpunkt wurde der Innenraum zu unbekanntem Zweck noch einmal geteilt und das Südosttor zu einem doppelten Zangentor erweitert. Alle Mauern waren in Pfostenschlitztechnik errichtet. In der von der Gasleitung betroffenen östlichen Randzone wurden Wohn- und Wirtschaftsgebäude gefunden, Brunnen und Zisternen, die zu einzelnen Parzellen zu gehören scheinen, wie wir sie aus Staré Hradisko kennen. Gegen Mitte des 1. Jh. v. Chr. wurde Stradonice – wie alle anderen böhmischen *oppida* – verlassen. Warum und wohin die Bewohner abgewandert sind, wissen wir nicht.

Stradonice hatte Zugriff auf die Eisenerzlager Nordwestböhmens und besaß eine verkehrsgeografisch günstige Position, denn die Berounka war in der Eisenzeit schiffbar und verband den Ort mit Fern-handelswegen nach Bayern (Manching) und Oberitalien (*Aquileia*). Trotzdem gibt der überwältigende archäologische Reichtum ein Rätsel auf: Haben die Einwohner das *oppidum* Hals über Kopf verlassen? Ihre gesamte Habe stehen und liegen lassen? Oder stammen die Funde von Kultplätzen, an denen über Generationen hinweg Opfergaben niedergelegt worden sind? Solche Mengen, vor allem von Münzen und Schmuck, kennen wir eigentlich nur aus gallischen Heiligtümern.

STARÉ HRADISKO –
Gruben, Gräbchen, Pfostenlöcher
Malé Hradisko, Region Olmütz, Tschechien

Zuerst stachen die vielen Bernsteinklumpen ins Auge, die man auf dem mährischen »Hradisko« (Burgwall) einsammeln konnte, sodass dieser schon im 17. Jh. eine gewisse regionale Berühmtheit besaß – natürlich nicht als vorgeschichtliche Fundstätte, sondern weil Bernstein damals, wie Myrrhe und andere Harze, in Kirchen und Klöstern als Weihrauch gebraucht wurde.

Die vorwissenschaftliche Erforschung von Staré Hradisko verlief glücklicher als diejenige von Stradonice. Angeregt von der Diskussion über die »keltische Stadt« begannen der Apotheker F. Lipka und der Arzt K. Snětina 1907 bis 1912 mit gezielten Grabungen. Diese blieben zwar unveröffentlicht, aber es ist das Verdienst der beiden Altertumsfreunde gewesen, ihre reichen Funde richtig eingeordnet und Staré Hradisko als *oppidum* in der archäologischen Literatur bekannt gemacht zu haben. 1934 bis 1937 wandte sich das Archäologische Institut Prag (SAÚ) unter Jaroslav Böhm – nicht zuletzt aufgrund der enttäuschenden Ergebnisse von Stockýs Grabung 1929 in Stradonice – dem mährischen Staré Hradisko zu. Böhm plante

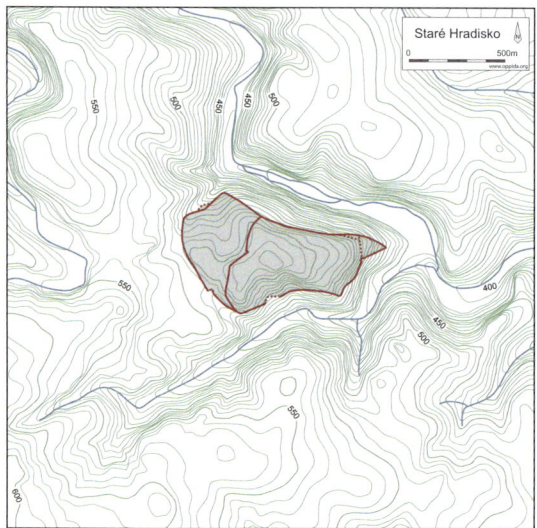

Staré Hradisko, Blick nach Osten. Die Häuser im Tal gehören zu dem Weiler Okluky. In der Bildmitte markieren Bäume die Mauer zwischen der Vorstadt (im Vordergrund) und dem Zentrum.

eine großflächige Untersuchung und hatte zu diesem Zweck Kontakte geknüpft mit deutschen Archäologen, die auf dem neuesten methodischen Stand der Feldforschung waren (nachweislich mit Hans Reinerth, seit 1931 Nationalsozialist und seit 1934 Leiter des Reichsbundes für Deutsche Vorgeschichte, dem er freundschaftlich verbunden war; vielleicht auch mit Gerhard Bersu, 1931 Direktor der Römisch-Germanischen Kommission, 1937 als »Halbjude« zwangspensioniert). Tatsächlich gelang Böhm die modernste und größte Forschungsgrabung vor dem Zweiten Weltkrieg. Es wurden nicht nur Wälle, Tore und Innenflächen untersucht, sondern auch Tierknochen und Pflanzenreste, es wurden Luftbilder angefertigt, Modelle der Häuser und Hütten rekonstruiert sowie naturwissenschaftliche Analysen an Glas und Keramik durchgeführt.

Bereits während dieser Vorkriegsgrabungen waren Erkenntnisse zur Innenbebauung gewonnen worden, die von den modernen Untersuchungen des Archäologischen Instituts Brünn 1964 bis 1973 sowie 1983 bis 1993 bestätigt und ergänzt werden konnten, sodass heute 10 % der Gesamtfläche als bekannt gelten können. Wir wissen nun, dass die Stadtgründung um 150 v. Chr. einen regelrechten Bebauungsplan aus Parzellen vorsah, die von Zäunen begrenzt und durch ein rechtwinkliges System aus 5 m breiten, geschotterten Wegen voneinander getrennt waren. In der Vorstadt wurde eine dieser Parzellen mit einer Seitenlänge von 40 bis 50 m vollständig ausgegraben. Ihre Bebauung bestand aus soliden Pfosten- oder Ständerbauten (Wohnhäusern, Speichern), Grubenhütten (Werkstätten), Vorrats- und Abfallgruben, Brunnen oder Zisternen. All dies hat nur Gruben, Gräbchen und Pfostenlöcher hinterlassen, aber gerade deshalb – und nicht wegen der Bernsteinklumpen – ist Staré Hradisko zu einem Meilenstein der *oppida*-Forschung geworden, denn lange Zeit war diese Grabung eine der wenigen, die eine Vorstellung von der Innenbebauung einer »keltischen Stadt« in Holz-Lehm-Bauweise vermittelten. Inzwischen haben sich die Grabungen vermehrt und bekräftigt, dass umzäunte hofartige Parzellen ein Merkmal der *oppida* von Nordwestfrankreich bis Mähren gewesen sind. Die Parzellen ähnelten sich von Stadt zu Stadt, aber innerhalb einer Stadt gab es Unterschiede, bescheidenere und vornehmere Höfe, in denen je nachdem die Landwirtschaft oder das Handwerk eine größere Rolle spielten. Im Fall der Parzelle von Staré Hradisko belegen Töpferöfen, Überbleibsel von Bronzegießen und Schmieden, Münzprägung, Bernsteinschnitzerei und unterschiedlichste Werkzeuge eine so hochwertige und differenzierte Produktion sowie prestigeträchtige Objekte – wie Bronzegefäße und Reiterzubehör – eine so herausragende Position des Hofbesitzers, dass er zur Führungsschicht gehört und unterschiedliche Handwerker beschäftigt haben muss. Für deren Versorgung brauchte er entsprechenden landwirtschaftlichen Besitz, Äcker und Weiden in der Ebene.

Das war kein Problem, weil Staré Hradisko am Westrand einer fruchtbaren Tiefebene liegt, die von den Zuflüssen der March bewässert wird. Das *oppidum,* das mit 37 ha zu den kleinen Anlagen gehörte, nahm wie so oft einen Sporn ein, der nur im Westen einen bequemen Zugang bot, war aber trotzdem rundherum mit einer mächtigen Pfostenschlitzmauer befestigt worden. Die 2 m breite Steinfront im Westen mit vorgelagertem Graben wurde bei ihrer Erneuerung auf sage und schreibe 4 m verbreitert und mit einer 6 m breiten Rampe hinterschüttet. Durch ein asymmetrisches Zangentor trat man in die westliche Vorstadt ein. Sie wurde durch eine Quermauer mit Graben vom Zentrum der Stadt getrennt (22,5 ha), an dessen Spitze im Osten eine zweite Quermauer eine kleine Vorburg (1 ha) abriegelte.

Von der Spitze der Vorburg dieses massiven Befestigungswerkes aus konnte man bei klarem Wetter über die dicht besiedelte Haná-Tiefebene hinweg bis zu dem ca. 60 km Luftlinie entfernten zweiten mährischen *oppidum* Hostýn blicken, das am Ostrand der Ebene errichtet worden war. Beide *oppida* zusammen bildeten die wirkungsvolle Kontrolle über eine Schlüsselposition im europäischen Verkehrsnetz – über die so genannte Mährische Pforte, eine flache Senke zwischen zwei Gebirgsstöcken, durch die die »Bernsteinstraße« lief. Erst vor wenigen Jahren ist direkt am Beginn der Senke die kleine, nur 9 ha umfassende Befestigung Loučka entdeckt worden, die zweifellos ein Außenposten der beiden *oppida* und für die militärische Überwachung der kostbaren Transporte zuständig war. Baltischer Bernstein von der Ostsee zählt in Staré Hradisko tatsächlich zu den häufigsten Funden, die Rohbernstein, Halbfabrikate und Fertigprodukte einschließen. Der Schmuck wurde über Ostböhmen verhandelt bis nach Süddeutschland, aber das dürfte der seltenere Fall gewesen sein, denn Bernsteinschmuck findet sich in den dortigen Spätlatènesiedlungen kaum. Vor allem wird man den begehrten Rohstoff oder Schmuck nach Oberitalien (*Aquileia*) weitergeleitet haben, für den im Gegenzug kostbare Prestigegüter nach Staré Hradisko kamen: Bronzegeschirr, die ersten Glasgefäße nördlich der Alpen, und – wahrscheinlich am begehrtesten – dann und wann eine Amphore mit Wein.

MANCHING – Gunst und Fluch der Lage
Bayern

Kein *oppidum* ist so gut erforscht wie Manching. Aber auch kein anderes wirkt heute so unspektakulär, keines sträubt sich gewissermaßen so sehr, dem Besucher eine Vorstellung seiner Vergangenheit zu vermitteln. Wo man einst die weiße Kalksteinmauer des flach in der Ebene errichteten, nahezu kreisförmigen, mit über 2 km Durchmesser gewaltigen Befestigungsgürtels aus allen Himmelsrichtungen schon von weit her aufleuchten sah, dehnt sich heute nur eine unübersichtliche Industrielandschaft. Die antike Topografie ist durchschnitten und zerschlagen von Straßen, überbaut, eingeebnet und vernichtet von der Gewalt einst militärischer, heute ökonomischer Sachzwänge. Es gibt keinen Aussichtspunkt, von dem aus man sich einen Überblick verschaffen könnte, keinen »Erinnerungsort« außer einem Modell des Osttores in Form einer wenig authentisch wirkenden Kulisse. Die einzige Gelegenheit, den *genius loci* bei einem Spaziergang auf der Wallkrone zu erfahren, unter der die ehemalige Stadtmauer liegt, versperren größtenteils die Drahtzäune des EADS-Werksgeländes. Daher sollte sich der Besucher am besten zuerst in das 2006 eröffnete »kelten römer museum« begeben. Hier ist die Geschichte der 380 ha großen, sicherlich bedeutendsten »keltischen« Stadt des 2./1. Jh. v.Chr. rechts des Rheins aufs Anschaulichste aufbereitet.

Der heutige Markt Manching an der Paar liegt 8 km südöstlich von Ingolstadt und 5 km südlich der Donau im Ingolstädter Becken – eine Drehscheibe von überragender Bedeutung in nahezu allen prähistorischen Epochen. Hier kreuzten sich mehrere Verkehrsachsen. Die West-Ost-Achse nutzte sowohl die Donau selbst als auch einen Weg entlang des Südufers, der quer durchs *oppidum* lief. Von Manching nach Oberitalien führten zwei Wege, zum einen in

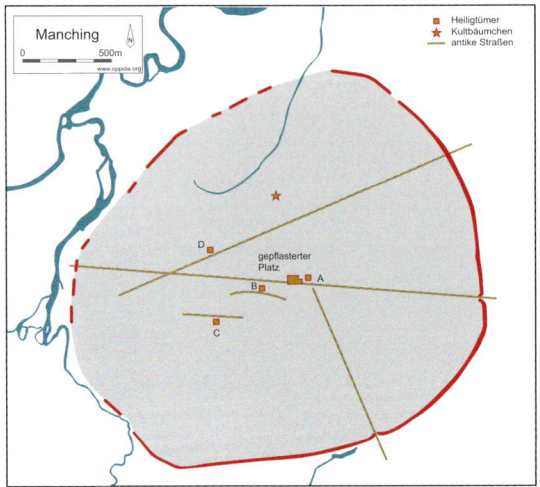

den Raum Augsburg und von dort über die Zentralalpen, zum anderen über Salzburg und die Tauernpässe nach *Aquileia*. Nicht weniger wichtig waren eine Donaufurt und die Verbindung nach Norden zu den *Germani*, quer durch die Frankenalb, vorbei an der Steinsburg über den Thüringer Wald nach Mitteldeutschland.

Die Gunst der verkehrsgeografischen Lage lockte schon Ende des 4. Jh. v. Chr. die ersten Siedler an. Zu Beginn waren es nur ein paar Höfe und ein kleiner Friedhof. Bereits im 3. Jh. werden jedoch mit der Einrichtung öffentlicher Kultplätze – u. a. dem zentralen Tempelchen neben einem (Versammlungs-)Platz – Maßnahmen sichtbar, die eine politische Lenkung verraten. Gegen Ende des 3. Jh. explodierte die Siedlung gewissermaßen und neue Flächen wurden erschlossen. Diesem Ausbau lag nicht der orthogonale Plan griechisch-römischer Städte zugrunde, aber mit Sicherheit Bebauungspläne für unterschiedliche Areale, die sich jeweils auf bestimmte Achsen bezogen. Wie in Staré Hradisko gab es auch in Manching bis zu 1 ha große, meist umzäunte Parzellen, aber auch Wege, an denen sich kleine Häuser eng aneinanderreihten. Anlagen mit bis zu 7 m breiten und 40 m langen Langhäusern (Magazinen? Ställen?) werden als Wohnsitze der Eliten gedeutet. Handwerkliche Arbeiten, die im Alltag anfielen, wurden auf allen Höfen betrieben, aber ein spezielles technisches Know-how oder stärkere Arbeitsteilung führten dazu, dass sich ein eigenes Handwerkerquartier entwickelte. Das Zentrum war deutlich dichter besiedelt als die Randbereiche, in denen auch Felder und Weiden lagen. Im Norden wurde ein Hafen angelegt in einem Altarm der Donau, der einen idealen Schiffslandeplatz darstellte.

Zweifellos erfüllte die unbefestigte Siedlung Manching, die Caesar sicher auch schon als *oppidum* bezeichnet hätte, bereits im 2. Jh. v. Chr. alle Kriterien, die einen Zentralort zur »Stadt« machten: ein topografisch geschlossenes Siedlungsbild, große Einwoh-

Manching. Im Westen verlief die Stadtmauer etwa parallel zur Paar, deren baumbestandenes Flussbett sich durch den heutigen Ort schlängelt. Im Norden ist die Mauer durch Steinraub zerstört, aber im Nordosten sind noch zwei gut erhaltene Wallabschnitte rechts und links der Bundesstraße 16 an ihrem Bewuchs zu erkennen. Am besten erhalten ist die Strecke zwischen Osttor und Torkulisse, von der allerdings nur etwa 1 km hinter dem Osttor begangen werden kann.

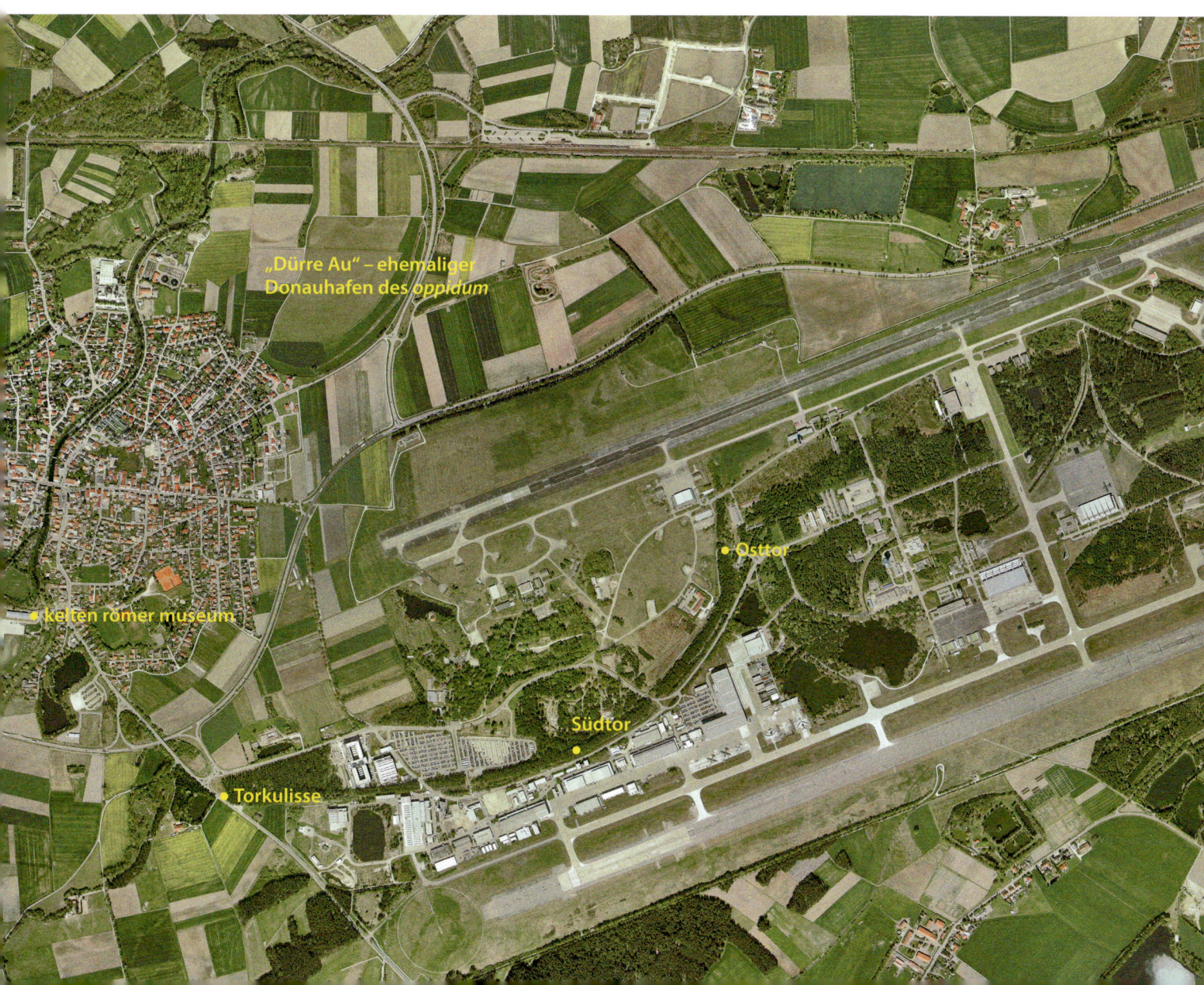

„Dürre Au" – ehemaliger Donauhafen des *oppidum*

● Osttor

● kelten römer museum

Südtor

● Torkulisse

nerzahl, zentrale Lenkung, unterschiedliche Architektur, Arbeitsteilung und soziale Differenzierung, selbst einen gewissen urbanen Lebensstil – wenn wir darunter öffentliche Veranstaltungen, Kulthandlungen oder einen Markt sowie eine über die Grundbedürfnisse hinausgehende Versorgung mit Konsumartikeln verstehen, wie z. B. den Import von Wein oder Fischsauce (*garum*), dem römischen Ketchup. Vielleicht besaß die Siedlung auch bereits eine Grenzmarkierung, einen einfachen Zaun, wie Spuren eines Gräbchens vermuten lassen. Dennoch ist die Errichtung der kreisrunden, immerhin 7,2 km langen, 5 bis 6 m hohen Stadtmauer um 125 v. Chr., eines *murus gallicus*, der einen schier unvorstellbaren Aufwand an Rohstoffen, Baumaterial, Beförderungsmitteln, Geräten und Arbeitskräften erforderte, ein Akt gewesen, in dem sich die eigentliche Stadtwerdung manifestierte. Es war eine rituelle und politische Manifestation, die die Identifikation der Bewohner mit ihrer Stadt sowie die Macht der Eliten über diese Stadt stärken sollte. Nichts deutet darauf hin, dass mit der Urbanisierung religiöse oder kulturelle Traditionen unterbrochen wurden; vielmehr scheint die Rechnung aufgegangen und die politische Position der Eliten gefestigt worden zu sein. So könnte man jedenfalls die Veränderungen in der Bausubstanz deuten. Sie kommen einerseits in einer stärker reglementierten rechtwinkligen Anordnung von einfachen Gebäuden zum Ausdruck, andererseits in einem Hang zur Monumentalität und Exotik von (öffentlichen? privaten?) »Sonderbauten«, in denen sich die Oberschicht repräsentierte. Dazu gehörten Langhäuser und Rundbauten, Säulengänge und Innenhöfe.

Die Gunst der Lage war zweifellos auch ein Fluch für Manching. Der Bau eines Militärflugplatzes 1936 bis 1938, der fast die ganze Osthälfte des *oppidum* in Mitleidenschaft zog, beendete die ländliche Idylle. Von jetzt an zog eines das andere nach sich. 1955 beschloss die amerikanische Luftwaffe, den Flugplatz wieder instand zu setzen und auszubauen; 1960 übernahm die Bundesrepublik den Bau (Grabungen 1955–1973). Ihm folgte die Errichtung der Messerschmittwerke (noch) knapp außerhalb des Walles, die vom Militärischen Luftfahrtzentrum EADS abgelöst wurden, das inzwischen bereits auf den Innenraum übergegriffen hat. Als Folge der Industrialisierung war die Bundesstraße 16 quer durch das *oppidum* gelegt worden (Grabungen 1965–1973, 1984–1987), deren vierspuriger Ausbau geplant ist. Neue Arbeitsplätze zogen ein Neubaugebiet (Grabung 1996–1999) und ein Einkaufszentrum nach sich. Ein Technologiepark vor dem Südtor wird demnächst errichtet. Ein Ende dieser schwindelerregenden Entwicklung ist nicht abzusehen. Die meisten Großgrabungen, die

die Kräfte der Denkmalpflege überfordert hätten, wurden von der Römisch-Germanischen Kommission Frankfurt durchgeführt und von der Deutschen Forschungsgemeinschaft gefördert.

55 Jahre Forschung und 26 ha Grabungsfläche haben ein neues Bild einer Epoche geschaffen, in der Mitteleuropa an der Schwelle zur Hochkultur stand. Aber damit ist auch die grundlegende und immer noch unbeantwortete Frage verbunden, wann und warum diese Zivilisation rechts des Rheins unterging: um 80 v. Chr. Abwanderung aus unbekannten Gründen? Um 60 v. Chr. kriegerische Konflikte? Oder erst 30 v. Chr. ökonomischer Kollaps? Für jede These gibt es Argumente dafür und dagegen. Sicher ist nur: Diese Welt ging so gründlich unter, dass davon nichts mehr zu sehen war, als die Römer das Land in Besitz nahmen. Manching kann diese Frage nur beantworten, wenn die fortdauernde Zerstörung dieses einzigartigen Bodendenkmals verhindert wird.

STEINSBURG – Kelten oder Germanen?
Römhild, Thüringen

Als man 1989 endlich bequem von Bayern nach Thüringen fahren konnte, bot sich, wenige Kilometer vor dem Eintritt ins Mittelgebirge, der beeindruckende Anblick zweier aus der Ebene aufragender Basaltkegel. Auf dem kleineren der beiden »Gleichberge« liegt Thüringens größtes Bodendenkmal, die Steinsburg – eine »befestigte Höhensiedlung« von rund 66 ha Fläche. Sie wird nur selten explizit als *oppidum* bezeichnet, und tatsächlich unterscheidet sie sich in mehrfacher Hinsicht deutlich von den süddeutschen Stadtanlagen, ähnelt stattdessen stärker dem Dünsberg.

Die im Laufe der Jahrhunderte zusammengestürzten, aus reinem Basalt bestehenden Mauern, die

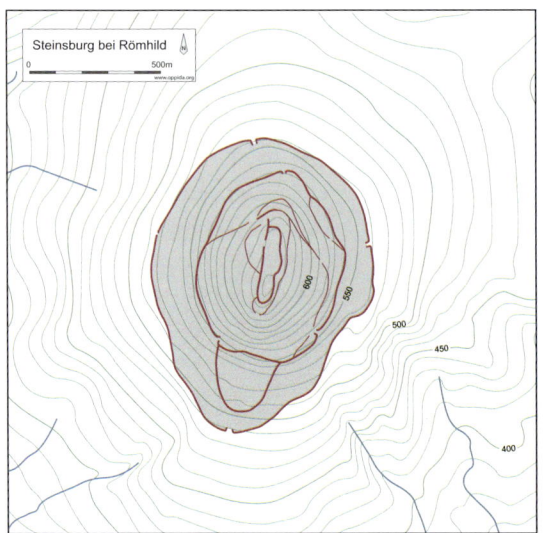

Der Basaltkegel des Kleinen Gleichbergs mit der Steinsburg.

im 19. Jh. von Steinbrechern systematisch durchsucht worden sind, um an Ort und Stelle Pflastersteine herzustellen, haben Tausende Quadratmeter Geröll hinterlassen. Es ist mühsam, dieses »Steinmeer« zu durchqueren und darin nach den Überresten der Befestigung zu suchen. Sie bestand aus drei Ringen – dem 3,2 km langen Außenring, der 1,9 km langen Hauptmauer entlang des Plateaurandes und einem kleinen, nur 0,6 km langen Gipfelring. Im 6. bis 4. Jh. v. Chr. existierten nur die beiden inneren Ringe, aber sie waren noch intakt, als im 2./1. Jh. v. Chr. die Außenmauer hinzukam, die die bewohnbare Fläche noch einmal beträchtlich vergrößerte. Es handelte sich um ca. 5 m breite und 4 m hohe Doppelmauern (von Caesar als *murus duplex* bezeichnet) mit einer Außen- und einer Innenfassade, die mit Basaltschutt aufgefüllt wurden. Mehrere Tore sind vorhanden, darunter drei mit einbiegenden kurzen Torwangen, ähnlich den spätkeltischen Zangentoren.

Vor allem unterhalb des Gipfels fanden die Steinarbeiter Tausende bronzener und eiserner Gegenstände – Fibeln, Gürtelhaken, Pferdetrensen und Wagenbeschläge, Lanzenspitzen, Schildreste, Beile, Messer, Scheren, Pflugschareisen, Sensen –, zum Teil voll gebrauchsfähig, zum Teil absichtlich deformiert. Reinhard Spehr hat daher bereits 1980 die These aufgestellt, dass es sich dabei überwiegend nicht um Siedlungsabfall, sondern um Opfergaben oder Tro-

phäen gehandelt habe, die sichtbar aufgestellt, aufgehängt oder niedergelegt worden sein müssten. Die DDR-Forschung hat diese These seinerzeit bestenfalls nachsichtig belächelt, schlimmstenfalls politisch verdächtigt. Heute zweifelt niemand mehr daran, dass solche Ritualorte für den Nordrand der *oppida*-Zone geradezu charakteristisch gewesen sind. Ihre Gemeinsamkeit bestand darin, dass es keine sakrale Architektur gab, keine »Tempel«, sondern der Kult unter freiem Himmel stattfand, sei es innerhalb, sei es außerhalb der Stadt wie am Dünsberg.

Neben dem topografisch geschlossenen Siedlungsraum für mehrere Tausend Menschen sowie der typisch urbanen Trennung zwischen handwerklicher Produktion innerhalb und landwirtschaftlicher Produktion außerhalb der Stadt ist es daher vor allem die gesellschaftliche Differenzierung zwischen denjenigen, die auf dem Gipfelplateau Rituale inszenierten und denjenigen, die die unteren Terrassen bewohnten, die die Steinsburg zum *oppidum* macht.

Münzen, Glasarmringe und mit Graphit versetzte, silbern schimmernde Tonware aus bayerischen *oppida* belegen einen lebhaften Austausch mit dem Süden. Man übernahm oder imitierte, was Prestige versprach oder einfach nur als »chic« galt. Unberührt davon blieben die lebensweltlichen Eckpunkte. Die Vorstellungen, wie man baut, sich kleidet oder die Götter verehrt, waren eher nach Westen ins nordhessische Bergland oder nach Norden ins Thüringer Becken orientiert. Diese Ambivalenz führte dazu, dass schon in den 1920er-Jahren der Streit darüber entbrannte, ob die Mittelgebirgszone nun von (germanisierten) »Kelten« oder (keltisierten) »Germanen« besiedelt gewesen sei. Darüber ist bis heute keine Einigkeit erzielt worden, und man hat sich angewöhnt, von einer »Kontaktzone« zu sprechen. Das ist bequem, weckt aber falsche Vorstellungen von einem Grenzraum zwischen zwei großen »Völkern«, von »Germanen« im Norden und »Kelten« im Süden. Das ist eine Pauschalisierung, die Griechen und Römer erfunden haben. Die Wirklichkeit bestand aus überschaubaren, verwandtschaftlich organisierten Lokalgruppen, die je nachdem lockerer oder enger miteinander vernetzt waren, unter bestimmten Voraussetzungen auch zu Großgruppen (den »Stämmen«) zusammenwachsen konnten. Das *oppidum* Steinsburg mit seinem archäologisch definierten Einzugsbereich von 40 bis 80 km Durchmesser war geradezu ein Musterbeispiel für eine solche Lokalgruppe. Welche ethnische Bezeichnung sich diese Gruppe selbst gegeben hat, wissen wir ebenso wenig wie im Falle aller anderen *oppida* rechts des Rheins. Auf die Anführungszeichen sollte man daher im Falle der »Kelten« und »Germanen« nicht verzichten!

Spektakuläre Topografie

Das Einzigartige, das »Markenzeichen« der oppida waren ihre Dimensionen, d. h. befestigte Flächen von durchschnittlich 80 ha, nicht selten weit über 100 ha. Um eine Stadt zu gründen, galt es also zuerst einmal einen Ort zu finden, der genügend Platz bot. Die zweite Bedingung war eine strategisch günstige Position, sowohl unter funktionalen als auch unter symbolischen Aspekten. Es ging um Kontrolle, Schutz und Repräsentation. Um Tausend oder mehr Menschen zu versorgen, bedurfte es der Kontrolle über ein Umland, über Getreide und Vieh, über die unbefestigten Zentren für Handwerk und Handel, über Fernwege und Bodenschätze. Um Getreidespeicher, Stapelplätze, Märkte, politische Versammlungen, heilige Orte und rituelle Handlungen zu schützen, bedurfte es einer Stadtmauer und bewachter Tore. Mauern und Tore waren Gemeinschaftswerke, deren Errichtung einen gigantischen Aufwand erforderte. Dadurch wurden sie zu Repräsentationen der Identität und der Macht. Befestigungen wurden daher oft an Stellen errichtet, an denen sie gar nicht notwendig, aber weithin sichtbar waren, auch wenn dafür ein schwieriges Terrain in Kauf genommen werden musste. Ihre oft spektakuläre topografische Lage war kein Zufall, sondern sollte ihre ästhetische Wirkung steigern und ihre Symbolik stärken.

JŒUVRES – in einer Schleife der Loire
Saint-Maurice-sur-Loire, Region Rhône-Alpes, Frankreich

Das *oppidum* Jœuvres ist eine von drei Befestigungen der am Oberlauf der Loire ansässigen Segusiaver. Mit 75 ha ist Jœuvres die größte und bedeutendste Siedlung, während die beiden anderen Anlagen Crêt-Chatelard und Essalois mit nur rund 20 ha zu den kleinsten *oppida* gehören. Alle drei datieren schwerpunktmäßig ins 1. Jh. v. Chr. Parallel dazu existierten im Flachland mehrere unbefestigte Dörfer, die bereits weit früher, zu Beginn des 2. Jh. v. Chr., entstanden waren. Mit drei (Roanne), fünf (Feurs), maximal zehn Hektar (Goincet) waren sie wesentlich kleiner, aber trotzdem von ihrer Funktion her den *oppida* nicht unähnlich: Zentren für Handwerk und Fernhandel, vielleicht auch Sitze von religiösen und/oder politi-

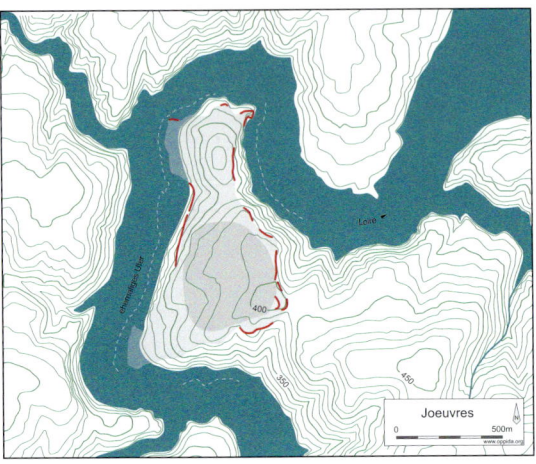

schen Eliten. Für Letzteres spricht die relativ gleiche Entfernung von ca. 20 km zwischen befestigten und unbefestigten Siedlungen, die sich das Loiretal hinaufziehen und eine politische Ordnung spiegeln könnten. Während die *oppida* in augusteischer Zeit aufgegeben wurden, verlief die Entwicklung der Dörfer unterschiedlich. Goincet ging ebenfalls unter, Roanne entwickelte sich zu einem römischen *vicus*, und Feurs erhielt sogar den Status eines Hauptortes der *civitas* der Segusiaver, d. h. einer Bürgergemeinde nach römischem Recht, die dem alten gallischen Stammesterritorium entsprach.

Das *oppidum* Jœuvres lag in einer Schleife der Loire auf einem ca. 100 m hohen Felsplateau. Der Ausblick von hier oben ist beeindruckend, wird allerdings durch eine flussabwärts gelegene Staumauer erheblich beeinträchtigt. Als Folge des Rückstaus steht der Uferstreifen des *oppidum* heute unter Wasser.

Der Sporn ist nur im Südosten über einen schmalen Pass mit seinem Hinterland verbunden (rechts unten am Bildrand). Diese verteidigungstechnische Schwachstelle ist mit Wall und Graben befestigt; beide zusammen weisen stellenweise einen Höhenunterschied von insgesamt fast 15 m zwischen dem Scheitel des Walles und der Sohle des Grabens auf. Die zufällige Entdeckung einiger großer Eisennägel legt nahe, dass sich in dem Wall ein *murus gallicus* verbirgt, aber da noch keine Grabungen stattfanden, ließ sich diese Hypothese bisher nicht bestätigen. Offen bleiben muss vorläufig auch, ob die im Gelände

Jœuvres, Blick nach Norden. Das *oppidum* wird von der Loire eingerahmt, die von links nach rechts fließt.

sichtbaren Spuren eines 3,5 km langen Ringwalles zum *oppidum* gehörten, zumal ein eindeutiges Tor bislang nicht nachgewiesen werden konnte. Der Ringwall könnte ebenso gut aus älterer oder jüngerer Zeit stammen, da ein Steinbeil, Pfeilspitzen und diverse Silexartefakte belegen, dass das Plateau bereits im Neolithikum aufgesucht worden ist, sowie ein als *villa* (Gutshof) gedeutetes Gebäude eine Besiedlung von römischer Zeit bis ins frühe Mittelalter (Ende 1. Jh. v.–6. Jh. n. Chr.) bezeugt.

Aber die meisten Fundstücke, die in Jœuvres bisher aufgesammelt wurden, sind typisch für ein *oppidum* und datieren ins 1. Jh. v. Chr., u. a. bemalte Keramik, Münzen, italische Amphoren und Importkeramik. Aus dem Rahmen des Alltäglichen fallen zwei Bronzeanhänger, die ein Pferd und einen Eber darstellen, auch dies typisch keltische Kultobjekte.

BERN-ENGEHALBINSEL –
ein dreifacher Mäander
Kanton Bern, Schweiz

Die de facto-Hauptstadt der Schweiz hat einen berühmten Vorläufer. Nur 3,5 km nördlich der Altstadt der Bundesstadt Bern lag *Brenodurum*, das bedeutendste *oppidum* der Helvetier. Diese hatten für die Gründung ihrer Stadt den unruhigen Lauf der Aare, die hier von Süd nach Nord fließt, geschickt genutzt. Sie wählten eine dreifache Flussschleife, die die 140 ha große Engehalbinsel bildet, die nur über eine kaum 500 m breite Landbrücke erreichbar ist. Drei Siedlungsareale zeichnen sich ab: im Zentrum, d. h. an der engsten Stelle, im Westen das »Engemeistergut«, im Osten die »Tiefenau« sowie im nördlichen Mäander der »Rychebachwald«.

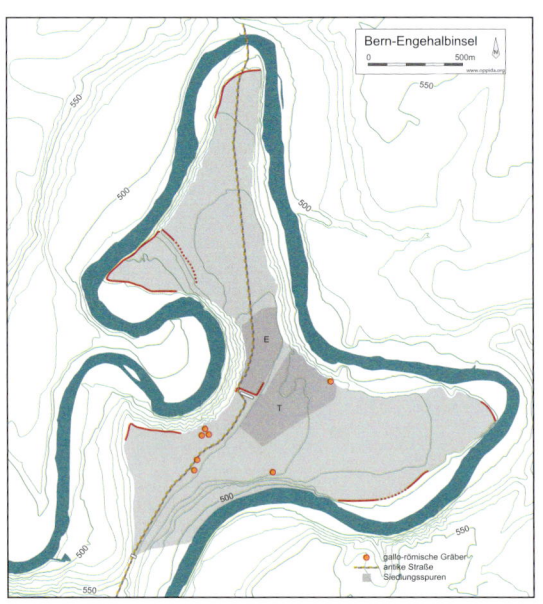

Bern-Engehalbinsel, Blick nach Norden. Die Siedlungsareale »Engemeisterfeld« und »Tiefenau« liegen im Zentrum, im Bereich der modernen Bebauung links von der Tiefenau-Straße, die das *oppidum* von Süd nach Nord durchquert. Der Massenfund wurde im Bereich der Kreuzung gefunden.

Wieder einmal war es der reiselustige Déchelette, der die Engehalbinsel persönlich in Augenschein genommen und als keltisches *oppidum* erkannt hatte. Zu seiner Zeit dürfte der Ringwall, der entlang der Terrassenkanten über der Aare verläuft, aber im Laufe der Jahrhunderte durch die Erosion der steilen Uferböschungen zerstört worden ist, noch besser erhalten gewesen sein. Die Datierung dieser Befestigung ist nicht geklärt, aber Holzverbauung, große Eisennägel und Reste der Steinverblendung weisen auf einen *murus gallicus* hin. Die Halbinsel wurde zudem von mehreren Binnenwällen unterteilt. Am besten erforscht durch moderne Grabungen (1956–1961) ist der »Innere Südwall« bei der heutigen Matthäus-Kirche, ein 8 bis 9 m breiter, bis zu 4,5 m hoher *murus gallicus* mit Holzverschalung, vor dem in 12 m Abstand ein 10 m breiter und 6 m tiefer Sohlgraben verlief.

Das riesige Areal der Engehalbinsel war zu keiner Zeit vollständig und nicht immer an derselben Stelle besiedelt. Zuerst entwickelte sich auf der »Tiefenau« im 3. Jh. v. Chr. eine unbefestigte, etwa 5 ha große Siedlung. Das *oppidum* erreichte in der zweiten Hälfte des 2. Jh. v. Chr. seine größte Ausdehnung, wurde aber spätestens zu Beginn des 1. Jh. v. Chr. wieder verkleinert. Dazu wurde der erwähnte *murus gallicus* des Inneren Südwalles errichtet, der die »Tiefenau« von der Nordschleife abriegelte. Die Siedlung wurde ins »Engemeistergut« verlagert, durch das eine Straße zur Furt an der Nordspitze des »Rychebachwalds« führte.

1849 wurde bei Straßenbauarbeiten der »Tiefenau-Massenfund« entdeckt, ein auf ursprünglich ca. 1000 Objekte geschätztes Depot des 3. Jh. v. Chr., das vor allem aus eisernen Waffen – Schwertern und Lanzenspitzen – sowie Wagenteilen bestand. Die Objekte streuten über eine größere Fläche, unmittelbar am Rand der Tiefenau-Siedlung, aus deren Zeit sie stammen. Die Waffen trugen Brandspuren und waren häufig unbrauchbar gemacht worden, wie man es von anderen Massenfunden kennt, die durch kollektive Kulthandlungen entstanden und abschließend als Opfergaben versenkt, vergraben oder in einem Heiligtum deponiert wurden. Von einem Heiligtum haben sich in der »Tiefenau« keine Spuren gefunden. Ob die Tradition dieses Kultes noch bis in die Zeit des *oppidum* weiterlebte, ist unsicher, aber aufgrund einiger Fundobjekte (speziell der Fibeln) denkbar.

Ein gallo-römischer Tempelbezirk im »Engemeistergut« hat mit dem mittellatènezeitlichen Opferplatz nichts zu tun, greift aber vielleicht eine spätlatènezeitliche Kulttradition auf, da aus diesem Siedlungsbereich zwei Gräben (eines Heiligtums?) bekannt geworden sind, die außer viel bemaltem Trinkgeschirr auch einige Fragmente von menschlichen Schädeln enthielten. Die Gebäude selbst stammen erst aus späterer Zeit, als im »Rychebachwald« entlang der Straße zur Furt ein römischer *vicus* entstand. Es war nicht nur eine der üblichen Straßenstationen mit handwerklichen Betrieben, sondern eine wohlhabende Ortschaft mit einem kleinen Theater und Thermen. Trotzdem entwickelte sich daraus nicht, wie so häufig, ein spätantikes Kastell. Spätestens in der zweiten Hälfte des 4. Jh. n. Chr. wurde die Engehalbinsel endgültig verlassen. Eine Kontinuität zwischen *Brenodurum* und der hochmittelalterlichen Gründung der Stadt Bern besteht nicht.

BRACQUEMONT – auf den Klippen
Region Haute-Normandie, Frankreich

Mit dem Ausblick von seinen 75 m hohen Klippen aus nahm das *oppidum* Bracquemont eine beherrschende Lage am Ärmelkanal ein; mit einer Fläche von ursprünglich 52 ha gehörte es einst zu den größten *oppida* der Normandie. Heute ist nur noch ein kläglicher Rest der Befestigung erhalten, denn immer wieder stürzen Teile davon ins Meer.

Die beeindruckenden Erdwälle von Bracquemont weckten bereits im 18. Jh. das Interesse der Gelehrten. Die Verteidigungsanlage beginnt im Westen mit einem 6 bis 8 m hohen Wall und einem vorgelagerten 3 bis 4 m breiten Graben mit flacher Sohle. Im weiteren Verlauf bleibt der Wall gleich hoch, weist aber auf seiner Innenseite einen 10 m breiten Graben auf (im Hintergrund links). Auf der Ostseite ist der Wall schließlich mit 9 bis 12 m am höchsten; der Außengraben ist auf 5 bis 10 m verbreitert worden (im Vordergrund links). Ursprünglich gab es insgesamt fünf Tore, von denen noch drei vorhanden sind. Durch das Tor des Ostwalles läuft heute ein Feldweg (links im Bild).

Über die Innenbebauung ist wenig bekannt. Zu Beginn des 19. Jh. wurde eine Reihe aus 25 kleinen Hügeln entdeckt, ohne dass eine schlüssige Erklärung dafür gefunden werden konnte: Grabhügel, Überreste von Gebäuden oder einer Wallanlage? Im Norden, am Rand der Klippen, stand ein *fanum*, ein gallo-römischer Umgangstempel. 1826 wurde eine stattliche *cella*, ein Innenraum von 7,60 m × 14,50 m ausgegraben, um die ein extrem schmaler, nur 0,80 bzw. 1,30 m breiter »Umgang« lief. Heute ist von all dem nichts mehr zu sehen; das Heiligtum ist vom Meer fortgespült worden.

Bracquemont gehörte zur *civitas* der Caleter, einem kleinen Seefahrervolk, das einen großen Abschnitt der Kanalküste kontrollierte. Das *oppidum* muss einmal ein bedeutender Hafen gewesen sein, denn ein kleines Tal inmitten der Siedlung führte in gallischer Zeit zum Meer. Der griechische Geograf Strabon zählte die Caleter zu den »armoricanischen«

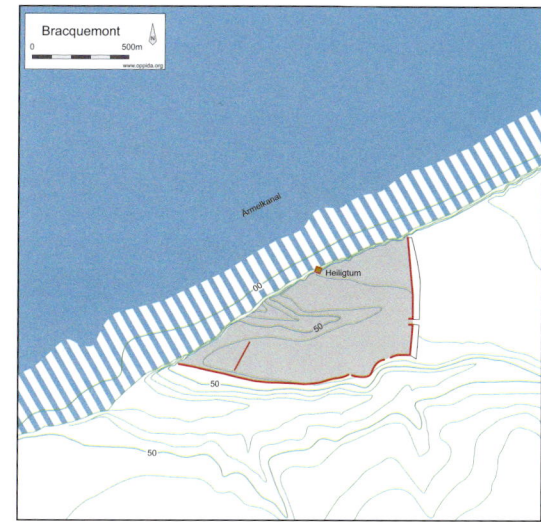

Bracquemont, Blick nach Süden. Die West- und Nordseite des *oppidum* sind bereits vom Meer fortgerissen worden; die Südseite wird von der modernen Bebauung begrenzt; der Ostwall endet blind an den Klippen. Deutlich ist das kleine Tal zu sehen, das von Ost nach West quer durch die Befestigung zum Meer führt.

Stämmen, was so viel bedeutete wie »Leute, die am Meer wohnen«. Bis heute ist die alte Bezeichnung »Armorica« für die Bretagne lebendig geblieben.

MONT VULLY – im Dreiseen-Land
Bas-Vully, Kanton Fribourg, Schweiz

Der Mont Vully (oder Wistenlacherberg) im Schweizer Mittelland, im Gebiet der Helvetier, nimmt eine beherrschende Lage zwischen Neuenburger See im Westen, Murtensee im Osten und Bieler See im Norden ein. Der Bergrücken gliedert sich in mehrere Terrassen, in das Gipfelplateau »Plan Châtel«, in »Les Planches« im Süden und in »Le Châtelet« im Osten. Der Fundort war seit dem Ende des 19. Jh. bekannt; zwischen 1978 und 2003 fanden längerfristige Forschungsgrabungen statt.

Die älteste, spätbronzezeitliche Befestigung des Gipfels aus dem 10. Jh. v.Chr. umfasste eine Fläche von ungefähr 3 ha. Aus der Hauptbesiedlungsphase (ca. 125–80/70 v.Chr.) sind zwei Befestigungsanlagen bekannt. Die erste wurde über dem bronzezeitlichen Wall um »Plan Châtel« errichtet. Die zweite, eine 600 m lange Abschnittsbefestigung mit Graben, riegelte 50 ha im Osten des Berges ab. Diese Pfostenschlitzmauer wies in regelmäßigem Abstand mächtige, 70 bis 80 cm dicke Frontpfosten auf, die durch

quer liegende Planken miteinander verbunden waren, die in die Fassade der Trockenmauerverblendung eingelassen waren. Die Mauer besaß zwei Tore, die – ein seltener Befund! – jeweils von zwei Türmen flankiert wurden. Die Türme hatten in etwa quadratische Grundrisse von 7 bis 8 m Seitenlänge und waren im Erdgeschoss offen, sodass eine Art Kasematte entstand. Nachdem die Befestigung baufällig geworden war, wurde sie erneuert. Diese zweite Bauphase endete in einem Brand, der zunächst mit Caesars berühmtem Text über die Auswanderung der Helvetier in Verbindung gebracht wurde: Er berichtet näm-

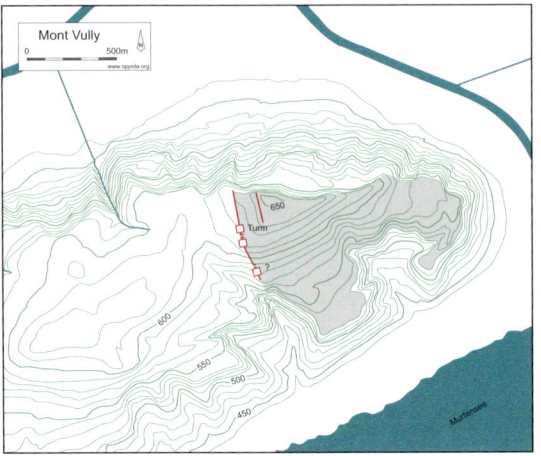

lich, dass die Helvetier 58 v. Chr. all ihre Höfe, Dörfer und *oppida* abgebrannt hätten, bevor sie fortgezogen seien und damit den Gallischen Krieg ausgelöst hätten (bell. Gall. I,5,2). Neuere Forschungen zwangen jedoch dazu, die Datierung des Brandes zu revidieren und schon um 80/70 v. Chr. anzusetzen – eine eindrückliche Mahnung, sich vor der vorschnellen historischen Interpretation archäologischer Befunde zu hüten! Leider ist der Innenraum des *oppidum* so wenig erforscht, dass wir nicht sagen können, was nach dem Brand geschah. Fest steht nur, dass vom Mont Vully kein Fundstück aus der Zeit nach der Mitte des 1. Jh. v. Chr. bekannt ist.

Der Mont Vully war nie eine Stadt, ja nicht einmal besonders dicht besiedelt. Obwohl die üblichen Funde wie Keramik, Werkzeuge, Glas- und Bronzeschmuck sowie Münzen vorhanden sind, fehlt das für ein gallisches *oppidum* typische Luxusgeschirr der lokalen Eliten. Es kann kein Zufall sein, dass nur zwei winzige Scherbchen der üblicherweise in Massen auftretenden Amphoren vorliegen. Die ständige Anwesenheit einer großen Bevölkerungsmenge auf dem Berg ist daher kaum zu vermuten; stattdessen wird das *oppidum* andere Funktionen erfüllt haben. Erwogen wurde z. B. eine Deutung als Fluchtburg, denn Caesar erwähnt die zahlreichen Konflikte der Helvetier mit den *Germani* rechts des Rheins. Allerdings werden sich diese Kämpfe an den Grenzen und wohl kaum im Schweizer Mittelland abgespielt haben. Eine andere und nä-

her liegende Deutung ist die eines nur saisonal aufgesuchten Versammlungsplatzes mit religiöser und/oder politischer Funktion. Der Mont Vully wäre dank seiner Lage für eine weithin sichtbare Manifestation kollektiver Identität einer großen Menschenmenge geradezu prädestiniert gewesen.

LA CHEPPE – kreisrund
Region Champagne-Ardenne, Frankreich

Über das als »Camp d'Attila« bekannte *oppidum* La Cheppe ist abgesehen von einigen Lesefunden und ein paar Sondagen unter Napoleon III. archäologisch nichts bekannt mit Ausnahme der imposanten Befestigung. Die kreisrunde Anlage mit ca. 600 m im Durchmesser, die etwa 30 ha einnimmt, wird von einem Erdwall vom Typ Fécamp umgeben, der heute noch 4 m bis 5 m Höhe aufweist und vor dem ein 8 m bis 10 m tiefer Sohlgraben liegt. Um diesen zieht sich ein zweiter Wall, der heute zwar nur noch im Osten in Resten erhalten ist, der aber auf Plänen des 19. Jh. eingezeichnet ist. Drei Tore im Norden, Osten und Westen sind wahrscheinlich antik. Im Innenraum wurden im 19. Jh. mehrere Gruben, Keller und Brunnen erfasst. Die Funde, insbesondere Münzen, einige Metallgegenstände und ein wenig Keramik, lassen auf eine Besiedlung im 2./1. Jh. v. Chr. schließen. Das *oppidum* gilt als Hauptort der Catalauner, eines kleinen Teilstammes der Remer mit deren Hauptort Reims.

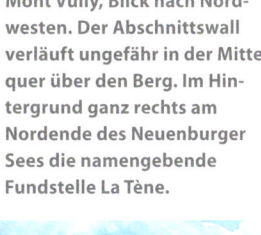

Mont Vully, Blick nach Nordwesten. Der Abschnittswall verläuft ungefähr in der Mitte quer über den Berg. Im Hintergrund ganz rechts am Nordende des Neuenburger Sees die namengebende Fundstelle La Tène.

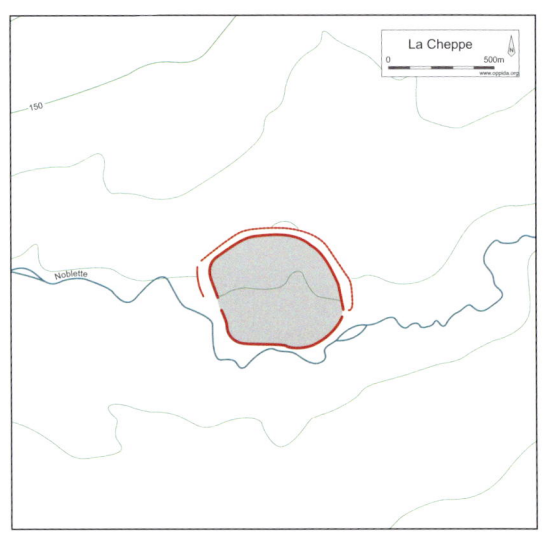

3 km nördlich von La Cheppe liegt eine unbefestigte, 15 bis 18 ha große Siedlung. Zweifellos haben *oppidum* und offene Siedlung zeitweise parallel existiert. Das war eigentlich nichts Außergewöhnliches, sondern eher die Regel, wie wir bereits in Jœuvres gesehen haben – leider ohne dass wir im Falle von La Cheppe etwas Genaueres über das administrative Verhältnis zwischen den beiden Orten sagen könnten.

Dafür ist La Cheppe eine der am besten erhaltenen Wallanlagen Nordgalliens und eines der schönsten Beispiele für ein kreisrundes Flachland-*oppidum*. Am besten lässt sich das »Camp d'Attila« daher mit Manching vergleichen, auch wenn diese antike Stadt mit ihren 380 ha Fläche etwas völlig anderes darstellte. In der Vorstellung der Bewohner dürfte jedoch der Symbolgehalt der beiden Befestigungskreise derselbe gewesen sein.

STAFFELBERG – ein idealer Platz
Bad Staffelstein, Bayern

Mit dem Staffelberg verhält es sich umgekehrt wie mit Manching: Das *oppidum* ist ein wunderbares Fotomotiv, aber man kennt fast nichts davon – mit Ausnahme der Befestigungsanlagen, die zwischen 1967 und 1985 gründlich erforscht worden sind. Das ist kein Versäumnis der Archäologie, sondern, wie so oft, eine Frage der Beschaffenheit des Bodens. Zwar ist der Berg von der Jungsteinzeit bis zur Völkerwanderungszeit immer wieder aufgesucht worden, aber erhalten hat sich davon nur eine dünne Kulturschicht, die der Pflug im Laufe der Jahrhunderte um und um gewendet hat, sodass sie archäologisch wertlos geworden ist. Nur die typischen Vorratskeller des 5. Jh. v. Chr., die – wie auf der Ehrenbürg – mannstief in den Felsen getrieben worden waren, erwiesen sich im wahrsten Sinne des Wortes als Fundgruben.

Der Baumbewuchs markiert den kreisförmigen Wall von La Cheppe.

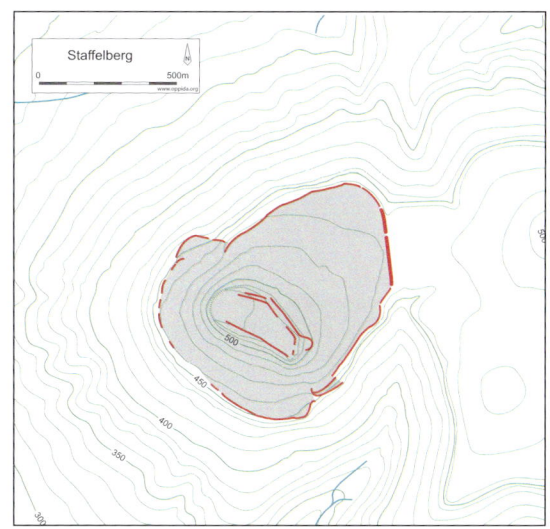

Der Staffelberg, ein Ausläufer der Fränkischen Alb, überragt das Obermaintal um 280 m und bietet geradezu ideale topografische Voraussetzungen für den Bau eines *oppidum*. Abgesehen von einem nur 300 m breiten Streifen im Nordosten fällt die 49 ha große Hochfläche rundum gleichmäßig ab. Auf ihr erhebt

sich fast mittig und senkrecht, wie eine natürliche Festung, noch einmal ein 50 m höheres, 3 ha umfassendes Plateau, von den Archäologen etwas großspurig »Akropolis« genannt.

Schon für die erste Befestigung des Plateaus im späten 6. Jh. v. Chr. wurde der Zugang am Nordosthang so angelegt, dass eventuelle Angreifer gezwungen waren, ihre rechte, vom Schild ungeschützte Körperseite dem Hang und damit den Verteidigern zuzuwenden – ein alter Trick, den schon die Mykener kannten. Im 5. Jh. v. Chr., ihrer ersten Blütezeit, wurde die Befestigung erneuert und massiv verstärkt. Zu Beginn des 4. Jh. v. Chr. brannte die Burg ab; der Ort wurde wahrscheinlich verlassen wie die meisten nordbayerischen Siedlungen. Es gibt Daten aus dieser Zeit, die für einen drastischen Klimawandel sprechen. Er könnte sowohl eine gesellschaftliche Zersplitterung – sichtbar in der Verödung der Zentralorte der Mittelgebirgszone (u. a. Dünsberg, Steinsburg, Ehrenbürg, Závist) – als auch die Mobilität bäuerlicher Schichten verursacht haben. Das Ergebnis war jedenfalls eine spürbare Ausdünnung der Bevölkerung, die wohl zum Teil in Form kleiner Kriegerbanden oder größerer Heerhau-

Staffelberg, Blick nach Norden. Links im Hintergrund die Gleichberge mit der Steinsburg.

fen an den so genannten »Keltenwanderungen« beteiligt war, an den von den griechisch-römischen Quellen beschriebenen Einfällen nach Oberitalien.

200 Jahre später hatten sich die Verhältnisse in Mitteleuropa wieder stabilisiert und ein spürbares demografisches Wachstum eingesetzt. Dazu werden auch die »war-lords« beigetragen haben, die einst wagemutig in den Süden aufgebrochen, aber erfolglos geblieben waren und nach einiger Zeit kleinmütig zurückkehrten. Laut historischer Überlieferung waren Gallier oder Galater sogar bis in die Türkei vorgedrungen. Es ist eine verlockende Idee, einen einzigartigen Fund vom Staffelberg, die um 170 v. Chr. geprägte Silbermünze aus Kappadokien (Zentraltürkei) als historisches Zeugnis für diesen Rückstrom in Anspruch zu nehmen – auch wenn natürlich ein Dutzend anderer Möglichkeiten denkbar sind, wie dieses exotische Objekt nach Oberfranken gekommen sein könnte.

Die Gründung der »Stadt« (deren antiken Namen wir allen Behauptungen zum Trotz nicht kennen, weil Ptolemaios keine zuverlässige Quelle ist) erfolgte nach bekanntem Muster. Erstmals wurden nicht nur die »Akropolis«, sondern auch die Hochfläche mit einer 2,8 km langen Pfostenschlitzmauer umwehrt. Zwei einander gegenüberliegende imposante Zangentore auf den steilen Hängen im Norden und Süden führten ins Innere. Grabungen am Nordhang legten zudem zwei Mauerabschnitte frei mit Steinverblendung, streckenweise mit massiver Steinrampe. Das entsprach der üblichen Befestigungstechnik. Aber rätselhafterweise erhielt ausgerechnet der leichteste Zugang zum *oppidum*, ein 300 m breiter Sattel im Osten, weder Tor noch Steinmauer, sondern nur eine Holzbohlenfront. Ihr vorgelagert war ein 10 m breiter, aber nur 1 m tiefer Graben, der mehr als Steinbruch gedient hat statt als Annäherungshindernis. Ein Überfall an dieser Stelle wäre jedenfalls ein Kinderspiel gewesen, die Mauer in kürzester Zeit niedergebrannt. Die ganze Anlage scheint rundum auf Repräsentation ausgerichtet gewesen zu sein, nicht auf militärische Erfordernisse.

Doch auch diese erneute Demonstration von Macht und Reichtum überlebte nur knapp 60 Jahre. Noch in der ersten Hälfte des 1. Jh. v. Chr. wurde der Berg wieder freiwillig geräumt, gleichzeitig mit dem bäuerlichen Umfeld und der unbefestigten Handwerker- und Händlersiedlung Altendorf, die rund 35 km weiter südlich an der Regnitz entstanden war. »Germanen« aus Mitteldeutschland können an diesem Exodus aber nicht ursächlich beteiligt gewesen sein, denn die wurden erst eine Generation später am Obermain sesshaft, wie das kleine Gräberfeld von Altendorf verrät, das keine 500 m entfernt von der unbefestigten Siedlung entdeckt wurde.

HRAZANY – am Ufer der Moldau
Radíč, Region Mittelböhmen, Tschechien

Zu den berühmten, weil gut erhaltenen und gut erforschten *oppida* gehört Hrazany. Die Befestigung am Zusammenfluss von Moldau und Mastník nimmt eine schmale, nach rechts und links steil abfallende Landzunge ein. Zwischen zwei Hügeln, »Doubí« im Süden und »Červenka« im Norden, erstreckte sich das Zentrum des *oppidum* über den flachen, 30 ha großen Sattel »Hrádnice«.

Das Foto trügt insofern, weil der ursprüngliche Pegel der mittlerweile gestauten Moldau 40 m niedriger lag als heute. Mit dem Bau des Slapy-Staudamms versank auch ein Teil der Geschichte des *oppidum*. Wo einst eine kleine Sandinsel gelegen, wo Furten den Fluss überquert hatten, die das *oppidum* mit einem wichtigen Fernweg nach Süden verbanden, der einst die Gründung der Befestigung veranlasst hatte, erstreckt sich heute über allem ein großer tiefer See.

Der Ringwall, in dem sich eine Pfostenschlitzmauer verbirgt, die rings um den Sattel lief und von Hügelkuppe zu Hügelkuppe reichte, ist immer noch gut im Gelände zu erkennen. Zu einem unbekannten Zeitpunkt wurden an diese Hauptbefestigung im Norden noch eine 3 ha große Vorburg angebaut, die den nördlichen Abhang von »Červenka« einnahm, sowie im Süden eine zweite Vorburg mit 6 ha, die den südlichen Abhang von »Doubí« einschloss, sodass das *oppidum* schließlich eine Gesamtfläche von 39 ha besaß.

Die Befestigungsanlage als solche war schon lange bekannt, aber erst 1948 wurden auf den Äckern im Sattel typische Scherben aufgesammelt, die auf ein *oppidum* hinwiesen. Die archäologische Erforschung begann 1949 bis 1950 mit kleinen Sondagen der Akademie der Wissenschaften Prag. Da sich herausstellte, dass die tiefer liegenden Schichten trotz jahrhundertelanger landwirtschaftlicher Nutzung intakt waren, wurden in den folgenden 13 Jahren Wälle, Tore und die Innenfläche in Ausschnitten systematisch untersucht. Eine erste bedeutende Siedlung hatte

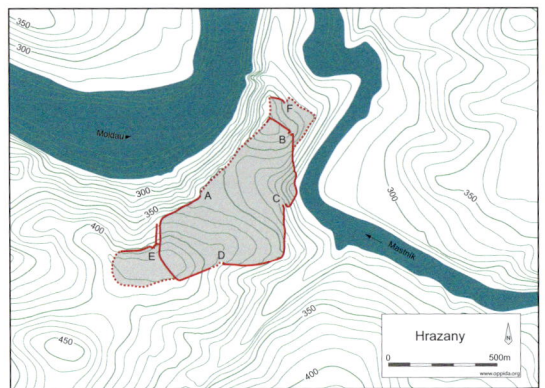

Hrazany, Blick nach Südwesten. Auf der von Mastník (links) und Moldau (rechts) eingerahmten Landzunge ist in der Bildmitte die große freie Fläche des Sattels zu sehen, auf dem sich das Zentrum der Stadt befand.

sich im späten 6./frühen 5. Jh. v. Chr. im Bereich des Sattels entwickelt, war jedoch unbefestigt geblieben. Gegen Mitte des 2. Jh. v. Chr. wurde die spätlatènezeitliche Stadt »auf der grünen Wiese« gegründet und mit einer ersten provisorischen Palisade befestigt. Nach dem Untergang des *oppidum* blieb das Gelände unbebaut, mit Ausnahme einer Burg des 14. Jh. auf dem Hügel »Červenka«.

Insgesamt ermöglichten wenigstens sechs Tore den Zutritt in die Stadt, deren kurze, bogenförmig einziehende Torwangen mehr an die Steinsburg erinnern als an die typisch gallischen rechtwinkligen Zangentore. Das Westtor (A) bewachte einen Weg hinunter zur Moldau; das Nordtor (B), ein asymmetrisches Zangentor, bildete den Hauptzugang.

Sowohl die erste Pfostenschlitzmauer als auch die erste Innenbebauung aus dem 2. Jh. v. Chr. brannten ab, wurden aber rasch wieder aufgebaut. Das *oppidum* war, wie so oft, in eingezäunte Höfe unterteilt mit einer Seitenlänge von 40 bis 45 m, die durch geschotterte und bis zu 5 m breite Straßen getrennt waren, sodass zwei Wagen aneinander vorbeifahren konnten. Ein ebenfalls geschotterter, öffentlicher Platz von mindestens 40 m × 25 m bildete den kultischen und politischen Mittelpunkt der Stadt. Im Unterschied zu Staré Hradisko fanden sich in den Höfen jedoch nur wenige Hinweise auf handwerkliche Tätigkeiten. Stattdessen konzentrierten sich hinter den Toren A

und B die Bronzegießereien und Eisenschmieden, die man vielleicht ihrer Feuergefährlichkeit wegen hierherverlegt hatte.

Das *oppidum* Hrazany gehörte zu den kleinen böhmischen Anlagen. Es konnte sich nicht mit dem Reichtum von Stradonice und Závist messen. Eine eigene Münzprägung ist nicht nachgewiesen, mittelmeerländische Importe sind selten, und nur wenige herausragende Einzelstücke wie ein bronzener Torques (Halsring) und Reitzubehör bezeugen die Anwesenheit einer aristokratischen Schicht. Oder ist dieses bescheidene Bild nur der Spiegel des geordneten Abzugs? Denn Hrazany teilte das Schicksal aller böhmischen *oppida*, die gegen Mitte des 1. Jh. v. Chr. verlassen wurden. Zuvor hatte man das Haupttor (B) versperrt. Es brannte ab, aber das kümmerte offenbar niemanden mehr. Vor wem sind die Bewohner geflohen? Oder haben sie – wie einst die Helvetier – etwa selbst das Feuer gelegt, bevor sie ihrer Stadt den Rücken kehrten?

TIHANY – die Halbinsel im Balaton
Region Mitteltransdanubien, Ungarn

Das *oppidum* Tihany ist aufgrund seiner Forschungsgeschichte und seiner Erhaltung nicht das bedeutendste der ungarischen Eisenzeitforschung, wohl aber eines der größten und mit Sicherheit eines der

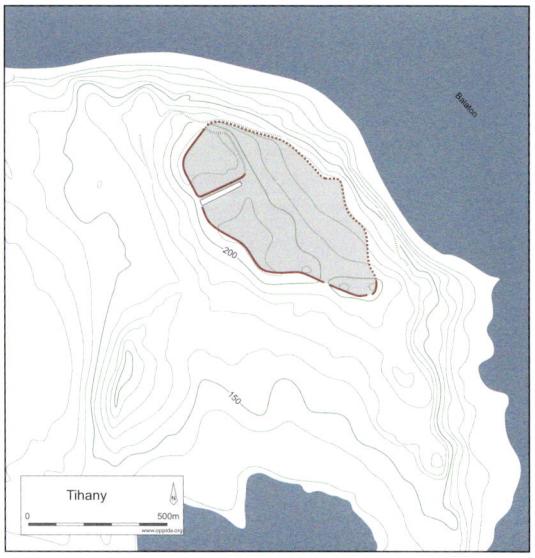

am schönsten gelegenen. Die Halbinsel Tihany, die vom Nordufer des Balaton (Plattensee) weit in den See hinausragt, fällt nach Norden und Osten über 100 m steil ins Wasser ab. Entlang dieser Geländekante erstreckte sich das *oppidum* Tihany auf dem ca. 1000 m langen und 400 m breiten Plateau »Óvár«, nicht weit von einem kleinen Kratersee, dem Über-

rest eines Vulkans, dessen Seespiegel über dem des Balaton liegt. Von der Befestigung aus hatte man einst einen wunderbaren Blick, und umgekehrt beherrschte diese weithin sichtbar die Ufer des Sees.

Obwohl erste Aufzeichnungen über einen zu dieser Zeit noch sichtbaren Wall bereits von 1872 stammen, ist über die Befestigung, die eine Fläche von ca. 25 ha besitzt, kaum etwas bekannt. Walluntersuchungen fanden in den 1920er-Jahren, 1958 und 1971 statt. Die jüngsten Rettungsgrabungen 1999/2000 galten dem Innenbereich der »Oberburg« (»Felsö-Óvár«). Sie erfassten jedoch nur Hausgrundrisse der Bronze- und Frühen Eisenzeit (ca. 1500–650 v. Chr.). Mit einigen hallstattzeitlichen Grabhügeln sowie einer frühlatènezeitlichen Siedlung aus dem 5. Jh. v. Chr. endete die ältere Besiedlungsperiode der Halbinsel.

Erst im 2./1. Jh. v. Chr. wurde das Areal erneut aufgesucht und eine annähernd ovale Befestigung von ca. 800 m Länge und 400 m Breite angelegt, um die eine 1,2 km lange Mauer herumführte. Sie schützte das *oppidum* im Nordwesten, Westen und Süden; die Seeseite blieb unbefestigt. Vor der Südseite wurde ein 6 bis 8 m breiter Graben beobachtet. Hier hatte sich von dem Wall nur noch ein spätbronzezeitlicher Kern erhalten; die Mauer des *oppidum* wurde im Laufe der

Die Halbinsel Tihany, Blick nach Südwesten. Das *oppidum* lag auf dem Plateau »Óvár«, rechts von der Ortschaft Tihany.

Jahrhunderte durch Steinraub und Landwirtschaft so gut wie zerstört.

Das Gelände steigt in Terrassen von Ost nach West an. Im Nordwesten des *oppidum* erhebt sich ein kleines, ca. 3 ha großes Plateau, die erwähnte »Oberburg«. Das Plateau wird im Osten und Süden durch einen Wall begrenzt. Den Südwall begleitet ein 170 m langer und gewaltiger, 15 bis 20 m breiter und 4 bis 5 m tiefer Spitzgraben. Ein Wallschnitt legte die Überreste einer Konstruktion aus Kalksteinblöcken und Holz frei. Während man früher vermutete, dass sich in diesem separaten Areal eine lokale spätlatènezeitliche Elite eine »Akropolis« geschaffen habe, steht inzwischen aufgrund von Scherbenfunden fest, dass die Burg in ihrer jetzigen Form aus dem Hochmittelalter stammt.

Die Innenbebauung des *oppidum* ist durch moderne Bebauung und Schrebergärten zerstört worden; das Tor ist wohl dem Straßenbau zum Opfer gefallen.

In Sichtweite von Tihany, aber auf der gegenüberliegenden Seite des Balaton, lag das *oppidum* Balatonföldvár, von dem noch ein 7 m hoher Wall und ein 25 bis 30 m breiter Graben erhalten sind. Beide Befestigungen datieren schwerpunktmäßig ins 1. Jh. v. Chr.

VELEM-SZENTVID – auf die Spitze getrieben
Velem, Region Westtransdanubien, Ungarn

Als Déchelette für sein »Handbuch zur prähistorischen Archäologie« den Band über die »Späte Eisenzeit« (Latènekultur) schrieb, stieß er auf die Veröffentlichungen von Kálmán Freiherr von Miske. Der Baron, ein Autodidakt, Sammler und Gründer des Museums Savaria-Szombathely, hatte die Raubgräberfunde von Velem-Szentvid in einem prächtigen Band in deutscher Sprache der Fachwelt bekannt gemacht (1908). Déchelette fand genügend Übereinstimmungen im Material, um den ungarischen Fundort in seine berühmte Tabelle »Bibracte – Stradonice – Manching – Velem-Szentvid« aufzunehmen, die 1914 erschien. Damit beginnt das Märchen von der europäischen »keltischen« *oppida*-Zivilisation, das die Wissenschaft verzaubert hat. Wahrscheinlich ist deshalb keine andere Seite einer vorgeschichtlichen Publikation jemals wieder so oft abgebildet worden.

Zwischen Szombathely und Kőszeg, direkt an der österreichisch-ungarischen Grenze, liegt der 568 m hohe, heute dicht bewaldete Berg Szentvid, ein steiler Klotz, von dessen Gipfel nur der Kirchturm zwischen den Bäumen hervorlugt. Ende des 19. Jh. war der unzugängliche Platz ein Geheimtipp für Raubgräber und Antiquitätenhändler, bis ihnen Miske 1896 auf die Schliche kam und mit eigenen Forschungen begann, die er bis 1929 fortführte. Leider lassen sich seine Grabungen nicht lokalisieren, sodass sie wis-

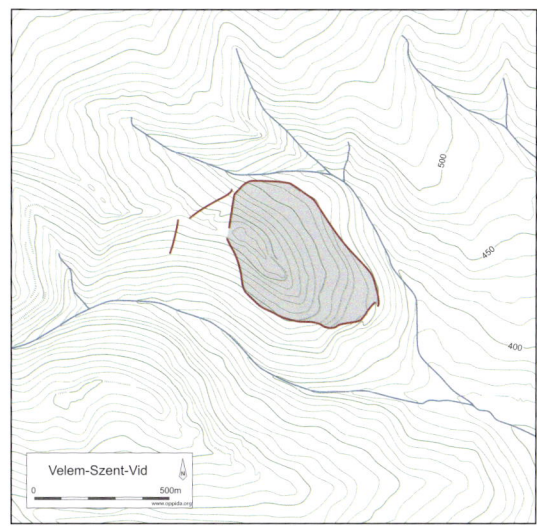

senschaftlich deutlich weniger Substanz haben als beispielsweise Bulliots Grabungen in *Bibracte*. 1972 bis 1988 setzten unter der Leitung des Museums Savaria-Szombathely erste systematische Untersuchungen zur Besiedlung der Spätbronzezeit (1200–800 v. Chr.) ein, aus der besonders spektakuläre Deponierungen bekannt geworden waren. Diese Grabungen konzentrierten sich auf den siedlungsgünstigeren Osthang. Die vorläufig letzte Forschungsetappe, eine französisch-ungarische Kooperation zwischen der Eötvös Loránd Universität Budapest und dem Centre Archéologique Européen du Mont Beuvray 1988 bis 1994, galt der *oppida*-Zeit und vor allem den bis dahin völlig unberührten Befestigungsanlagen.

Diese bestanden aus einer Ringmauer, die wohl einst den gesamten Berg umfasst hatte einschließlich des winzigen, höchstens 250 m langen und 70 m breiten Gipfelplateaus, auf dem heute die Kirche steht. Dieses Plateau war nur über einen schmalen, kaum 25 m breiten Grat mit seinem Hinterland im Westen, dem Kőszeger Bergland verbunden. Typisch für ein *oppidum* wäre es gewesen, eine solche Landbrücke mit einem kurzen Abschnittswall zu verbarrikadieren, aber in Velem-Szentvid laufen Wälle und Gräben über den Grat hinweg senkrecht die Hänge hinunter, fast rechtwinklig zu den Höhenlinien. Auf diese Weise ist im Westen eine Art Vorburg entstanden, deren tiefstes Niveau fast 200 Höhenmeter unter dem Gipfelplateau liegt! Haupt- und Vorburg zusammen umfassen etwa 40 ha.

Die Ringmauer erwies sich als spätlatènezeitliche Konstruktion mit Balkengerüst, das aber nicht vernagelt war, sowie einer inneren und äußeren Verblendung aus 50 cm dicken Schieferplatten. Der Vorburgwall bestand nur noch aus einem 2 m hohen und 3,5 m breiten Steinversturz, vor dem ein in den

Felsen eingetiefter Graben verlief, datiert aber aufgrund stratigrafischer Beobachtungen ebenfalls ins 2./1. Jh. v. Chr.

Die Grabungen im Innenraum waren nicht so erfolgreich. Wie immer auf derartigen Felsklötzen war die alte Oberfläche erodiert, oder, wie z. B. auf dem Plateau, durch spätere Bodeneingriffe zerstört worden. Das von der Natur bedingte, kontinuierlich vom 12. bis 1. Jh. v. Chr. bewahrte Siedlungsmuster hatte nur wenig Spielraum für urbane Architektur offen gelassen. Große Hofanlagen, breite Straßenzüge und öffentliche Plätze waren angesichts der abschüssigen Topografie kaum zu erwarten. Stattdessen drängten sich die Häuser seit der Spätbronzezeit auf schmalen gepflasterten Terrassen dicht aneinander. Doch soll das nicht heißen, dass in Velem-Szentvid Hinterwäldler lebten. Das reiche, einen gehobenen Lebensstandard spiegelnde Fundmaterial einer Gesellschaft aus Handwerkern und Eliten weist darauf hin, dass die Bewohner eine verkehrsgeografisch günstige Position beherrschten, sodass sie Kontakte nach außen hatten und in den Genuss exotischer Gaben kommen konnten. Dazu gehören auch die Scherben von zwei Weinamphoren, die aus Oberitalien stammen müssen. Das

überrascht nicht, denn auch Velem-Szentvid liegt im Einzugsbereich der »Bernsteinstraße«, einer Route, die an Staré Hradisko vorbei, die March abwärts, durch das Wiener Becken und entlang der Ostalpen nach *Aquileia* lief. Man wird also Déchelette durchaus zustimmen können, dass Velem-Szentvid ein *oppidum* war – aber war es auch eine Stadt?

Der Kirchturm markiert das Gipfelplateau des Berges Szentvid bei dem Dörfchen Velem.

Die größten Befestigungen Europas

Über nichts hat sich die oppida-Forschung den Kopf so zerbrochen wie über die Größe der Befestigungen, nichts widersprach der Vorstellung von einer »Stadt« so sehr. Das gilt vor allem für die in diesem Kapitel vorgestellten Befestigungen, deren Flächen weit über 100 ha betragen, die aber nur dünn oder gar nicht besiedelt gewesen zu sein scheinen. Deshalb werden sie häufig als Fluchtburgen bezeichnet, die nur bei drohender Gefahr aufgesucht worden seien.

Die Erfahrung zeigt allerdings, dass ein Mangel an Funden und Befunden fast immer am schlechten Forschungsstand liegt. Die Grabungen galten stets primär den Wällen, sei es, weil die Ausgräber in militärischen Kategorien dachten, sei es, weil es eine undankbare Aufgabe war, die Innenbebauung zu erforschen. Deren Riesenflächen verschlangen Zeit und Kosten (Manching), die Ergebnisse waren eher unspektakulär, und die Erhaltung der Befunde selten gut. Da die meisten Befestigungen auf felsigen Höhen liegen, waren die Kulturschichten entweder von Wind und Wasser fortgeweht und fortgespült oder vom Ackerbau und späteren Baumaßnahmen zerstört worden. Oppida waren beliebte Standorte für Burgen, Wallfahrtskirchen, Zitadellen, Aussichtstürme, Denkmäler, Fernsehsender …

Unabhängig vom Forschungsstand erklärt sich eine partielle Fundarmut jedoch auch durch große Freiflächen, die von Anfang an zur Planung der meisten oppida gehört haben. Sie dienten zunächst einmal ökonomischen Zwecken. Jede Stadt brauchte Äcker und Weiden. Wenn es die Topografie erlaubte, wurden sie hinter die Mauern verlegt, wie übrigens schon in etruskischen Städten. Je siedlungsfeindlicher das Umfeld war, desto wichtiger wurde die landwirtschaftliche Autarkie. In Kelheim wurden außerdem die Eisenerzlager in das Stadtgebiet miteinbezogen. Freiflächen konnten aber auch dazu genutzt werden, bei regelmäßig wiederkehrenden Gelegenheiten (Versammlungen, Kultfesten, Märkten) oder unvorhergesehenen Ereignissen (Kriegen, Naturkatastrophen), eine mehrere Tausend, ja Zehntausende von Menschen umfassende Menge samt ihrer Habe kurzfristig unterzubringen. Die Zahlen, die Caesar anlässlich seiner Belagerungen nennt – 40 000 Menschen in Bourges–Avaricum (26 ha), 80 000 gallische Soldaten in Alesia (90 ha) – dürften nur geringfügig übertrieben sein. In beiden Fällen spricht er ausdrücklich von einer »Stadt« (urbs).

In der Frage Stadt oder Fluchtburg ging es aber nicht nur um die überdimensionierte Größe der oppida, sondern auch um deren auffällige, »durch Natur und Architektur« (bell. Gall. III 23,2) gleichermaßen geschützte Lage. Da die Städte meist nicht nur schwer zugänglich, sondern zusätzlich mit monumentalen Mauern bewehrt waren, schien ihre militärische Funktion im Vordergrund zu stehen. Aber lassen sich kilometerlange Mauern wirklich so leicht verteidigen? Muss man nicht eine unverhältnismäßig hohe Zahl von Kriegern dafür veranschlagen? Und warum wurden Mauern auch da errichtet, wo sie gar nicht notwendig waren, welchen fortifikatorischen Zweck sollten extrem breite Tore (Kelheim) oder die oft lächerlich flachen Gräben (Donnersberg) besitzen? Die optische Wirkung der Befestigungen war mit Sicherheit grandios; ob es die militärische Wirksamkeit ebenfalls war, ist zumindest in einigen Fällen mehr als fraglich.

FINSTERLOHR –
Fluchtburg oder Wirtschaftsstandort?
Stadt Creglingen, Baden-Württemberg

Seinen Namen »Burgstall« verdankt der kleine Weiler (Bildmitte) seiner Lage inmitten der 124 ha großen Befestigung nördlich von Rothenburg ob der Tauber. Sie nimmt einen Bergsporn ein, der von zwei tief eingeschnittenen Bachläufen gebildet wird und im Osten steil in das 150 m tiefer liegende Taubertal abfällt. Ursprünglich war das gesamte Plateau mit einer 5 km langen Ringmauer umgeben. Entlang der Steilhänge ist sie zwar abgerutscht, aber ihre 1,2 km lange, fast schnurgerade verlaufende Westflanke, die die beiden Schluchten miteinander verbindet, ist bis heute als Wall und Graben erhalten geblieben (links im Bild). Nachgewiesen wurde ein Tor, das (heute im Bewuchs verborgene) »Alte Tor« in der Nordwestecke. Westlich des Hauptwalles ist ein zweiter, leicht gekrümmter Vorwall zu erkennen.

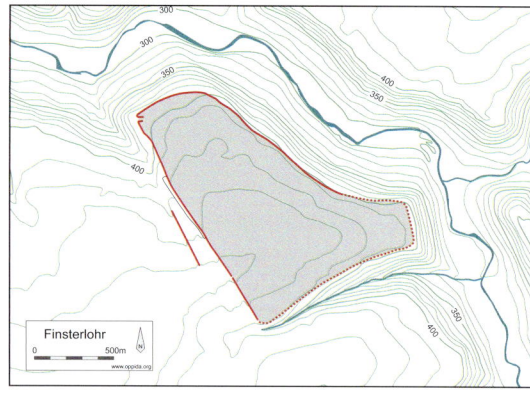

Es überrascht nicht, dass nur der Hauptwall, das markante Geländedenkmal, die Aufmerksamkeit der Archäologen auf sich zog. Grabungen zwischen 1903 und 1906 ließen auf eine Pfostenschlitzmauer schließen. 1929 wurde das »Alte Tor« untersucht, das sich als mächtiges Zangentor mit 31 m langer, knapp 8 m breiter Torgasse entpuppte. Die letzten Grabungen fanden 1973 anlässlich eines Straßenbaus noch einmal am Hauptwall statt, in dem sich drei Mauerperioden in jeweils unterschiedlicher Technik verbargen. Die älteste Mauer (Periode 1) bestand aus einer ca. 5 m breiten »Pfostenschlitzmauer« mit senkrechter Rückfront, die aber Bohlenwände anstelle einer Steinverblendung aufwies. Diese Holzkonstruktion muss ziemlich schnell verrottet sein. Darüber wurde eine neue Mauer (Periode 2) in einer ganz und gar ungewöhnlichen Technik errichtet, die Ähnlichkeiten mit dem *murus gallicus* aufwies, aber auch entscheidende

Unterschiede. Erstens lagen die Längsbalken, die von Querankern zusammengehalten wurden, nicht im Mauerkern, sondern waren in die Vorder- und Rückfront eingelassen; zweitens besaßen beide Fronten – den zuverlässigen Beobachtungen des Ausgräbers zufolge – eine singuläre Verkleidung aus luftgetrockneten Lehmziegeln; und drittens waren anstelle einer durchgehenden rückwärtigen Rampe nur einzelne rampenartige Aufgänge angeschüttet worden. Aber auch diese Konstruktion bewährte sich nicht und wurde ersetzt durch die jüngste Mauer (Periode 3), diesmal eine klassische Pfostenschlitzmauer mit Rampe. Sie war in den untersten Lagen noch so gut erhalten, dass sie rekonstruiert werden konnte und lange Zeit das einzige derartige Modell im Gelände eines *oppidum* darstellte. Vor der Mauer lag, in auffällig weitem Abstand von 13 m, ein relativ flacher Graben von 2,5 m Tiefe, der kaum ein ernsthaftes Hindernis darstellte, sondern an erster Stelle der Materialentnahme gedient hatte. Die Schnitte durch den Vorwall brachten keine Klärung über dessen Alter und Beziehung zum *oppidum*, aber er könnte auch eine frühere (spätbronzezeitliche?) Befestigungsperiode repräsentieren.

Aufgrund ihrer Topografie und Größe, der Pfostenschlitzmauer und des Zangentores ist die Befestigung (zumindest in ihrer jüngsten Phase) ein typisches *oppidum*, über das man allerdings sonst gar nichts weiß. Baustrukturen und Funde aus dem Innenraum fehlen gänzlich. Das hat ihm den Ruf einer Fluchtburg eingetragen, die nur bei Gefahr aufge-

Finsterlohr am linken Ufer der Tauber, Blick nach Norden. Schattenmerkmale der Schneelandschaft lassen den schnurgeraden Hauptwall und den leicht gekrümmten Vorwall deutlich hervortreten.

LIDAR-Geländescan der Kuppe des Donnersberges, auf dem Wälle, Tore und Teile der Innenbebauung des *oppidum* zu erkennen sind.

sucht worden sei. So lange keine großflächigen Grabungen oder eine systematische Prospektion (Geophysik; LIDAR) stattgefunden haben, bleibt das freilich Vermutung, denn dadurch hat sich schon des Öfteren die vermeintliche Fundarmut als forschungsabhängig erwiesen.

Eine »keltische Stadt« im Taubertal würde sich als Wirtschaftsstandort geradezu anbieten: Das *oppidum* Finsterlohr liegt nicht weit von den Salzquellen von Bad Mergentheim und an einem alten Fernweg zwischen Maindreieck und Nördlinger Ries.

DONNERSBERG – mit Geophysik und Laser – neue Wege der *oppida*-Forschung
Dannenfels, Rheinland-Pfalz

Es gab fünf gute Gründe, auf dem Donnersberg eine Stadt zu bauen: beste Lage, billiges Baumaterial, genug Wasser, Eisenerzgänge, Weiden und Ackerflächen.

Nach allem, was wir über die Topografie der *oppida* wissen, war das Wichtigste: Sehen und gesehen werden! Der Donnersberg ist mit 687 m nicht nur die höchste Erhebung am Nordrand des Pfälzer Waldes, von dem aus der Blick rundum – vom Taunus im Norden zum Odenwald im Osten bis zu den Vogesen im Südwesten – schweifen konnte. Auch vom Rheinufer aus war die 2 km lange Südmauer der Stadt, die den weitläufigen Bergrücken krönte, noch gut zu erkennen.

Für den *murus gallicus* von Manching mussten Tausende Kubikmeter Steine aus 30 km entfernten Steinbrüchen auf Flößen ins *oppidum* geschafft werden. Auf dem Donnersberg lag das Material sozusagen vor der Haustür. Es musste nur aus dem Berg herausgebrochen werden, hatte allerdings auch seine Tücken, die sich aus der geologischen Entstehung des Donnersberges erklären. Er ist das Ergebnis einer Lavaeruption, die vor Millionen Jahren einen Berg aus Rhyolith (Quarzporphyr) geschaffen hat. Dieses magmatische Gestein lässt sich nicht bearbeiten. Aller-

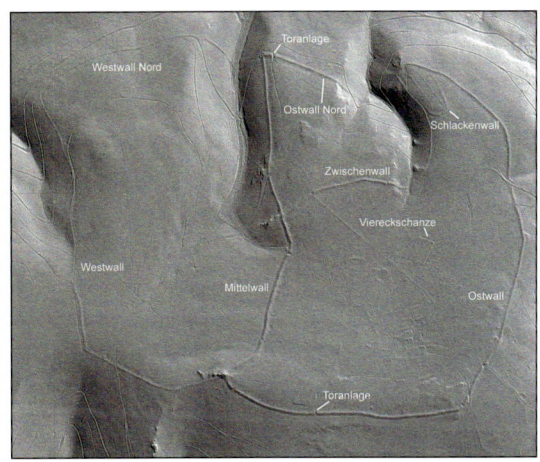

dings besitzt Rhyolith die Eigenschaft, in Blöcke zu brechen, die häufig zwei gegenüberliegende plane Flächen aufweisen. Die Kelten haben diese Blöcke geschickt für die Verblendung ihrer Pfostenschlitzmauern genutzt.

Der geologische Untergrund hatte noch weitere Vorteile. Er sorgte dafür, dass es auf dem Donnersberg ganzjährig wasserführende Tümpel gab, zusätzlich zu den beiden hier entspringenden Quellen, und er führte zahlreiche Kupfer- und Eisenerzgänge. Deren Abbau lässt sich zwar nur bis in römische Zeit zurückverfolgen, aber das technische Know-how war schon seit der Frühen Eisenzeit bekannt. Es ist daher zu vermuten, dass auf dem Donnersberg eigene Erzvorkommen die Grundlage für Handwerk und Handel schufen und eine Grundversorgung dieser Bevölkerungsschicht mit landwirtschaftlichen Produkten gewährleistet war, da im so genannten »Westwerk« Weide- und Ackerbauflächen zur Verfügung standen.

Man sollte meinen, dass dieses blühende Gemeinwesen auch einen reichen archäologischen Niederschlag gefunden hat, aber diese Erwartungen wurden immer wieder enttäuscht. Der Donnersberg ist »archäologiefeindlich«. Die schützende Ackerkrume ist erodiert, und mit ihr sind Funde und Befunde verschwunden. Seit der Aufforstung des 19. Jh. liegt zwischen Humus und nacktem Fels nur ein 30 bis 40 cm feiner, von Wurzelgeflechten durchzogener vielfarbiger Verwitterungsschutt, in dem die berühmten Gruben, Gräbchen und Pfostenlöcher kaum zu erkennen sind und, wenn doch, mühsam herauspräpariert werden müssen. Das erste Donnersberger Forschungsprojekt 1974 bis 1983 hat sich daher auf die mächtigen, bis zu 2 m hohen Wälle konzentriert. Leider sind diese Untersuchungen bis heute unveröffentlicht, die Funde noch unberührt, seit sie von der Grabung ins Amt für Archäologische Denkmalpflege Speyer geschafft wurden. Doch verdanken wir diesen

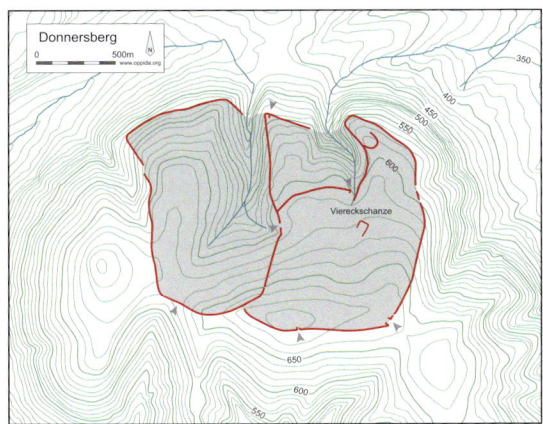

Grabungen wichtige Erkenntnisse zu Umfang, Technik und Datierung der Stadtmauern.

Mit einer Fläche von 240 ha steht der Donnersberg auf Platz acht der größten *oppida* Europas. Die Länge aller Mauern zusammen beträgt 8,5 km; die Umfassung der Bergkuppe – ohne Mittel- und Zwischenmauer – ist 5,8 km lang. Die mittlere Mauer trennte das etwas kleinere, schwächer befestigte, der Landwirtschaft und als Freifläche dienende »Westwerk« vom »Ostwerk«, der eigentlichen Stadt. Alle Mauern wurden um 125 v. Chr. in Pfostenschlitztechnik errichtet. Während an der Befestigung des Westwerks nur streckenweise Ausbesserungen stattfanden, wurde das Ostwerk einmal rundherum erneuert, indem im Abstand von 1 m eine zweite Pfostenschlitzmauer vorgeblendet wurde; die Südmauer – die Schauseite zur Rheinebene hin – erhielt sogar noch ein drittes Mal eine weitere Front. Nur vor dem Nordwesttor und der Südmauer verlief im Abstand von 9 m auch ein Graben, der in der Südostecke – vor der Rekonstruktion (vgl. Seite 27 u.) – nur 4 m breit und 1,20 m tief war, was mehr an eine Drainagemaßnahme erinnert als an ein Befestigungswerk. Vier Zangentore gewährten Einlass in die Befestigung, und durch einen einfachen Durchlass in der Mittelmauer gelangte man von einem Stadtteil in den anderen. Zu einem unbestimmten Zeitpunkt wurde das *oppidum* auf ein Drittel verkleinert, ohne dass wir dafür eine Erklärung hätten. Eine Zwischenmauer trennte den Norden des Ostwerks ab, und es ist anzunehmen, dass gleichzeitig auch das Westwerk aufgegeben wurde, obwohl es dafür keine stratigrafischen Beweise gibt. Um die Mitte des 1. Jh. v. Chr., vielleicht schon um 80/70 v. Chr., wurde die Stadt verlassen.

Nach 1983 wurde es still um den Donnersberg. Neuer Aufschwung kam in die Forschung erst wieder zu Beginn des 21. Jh., als die Archäologische Denkmalpflege sich zwei Wallanlagen im Ostwerk zuwandte, deren Rätsel in den Altgrabungen nicht gelöst worden war. Es handelt sich um den so genannten »Schlackenwall« sowie um die »Viereckschanze«. Der Schlackenwall verdankt seinen Namen den verschlackten bzw. verglasten Rhyolithstücken aus dem Umfeld des Walles. Sie waren seit jeher als Überreste einer abgebrannten Mauer mit Balkengerüst gedeutet worden. 2004 haben mineralogische, geophysikalische und feldarchäologische Analysen die Mauerbrandthese jedoch endgültig widerlegt. Bei der Wallanlage handelt es sich um eine ältere (hallstattzeitliche) Fluchtburg, die mit den Schlacken nichts zu tun hat. Diese stammen von einem technischen Herstellungsprozess – es fragt sich nur, für welches Produkt?

Die Viereckschanze bildet ein 98 m × 66 m großes, von Wall und Graben umgebenes Rechteck. In der Nordostecke war 1974 eine »Kulthütte« entdeckt wor-

Blick aus der Rheinebene auf den Donnersberg.

den, d.h. ein quadratischer Bau mit vorangestelltem Eingang. Das Ensemble wurde damals als *témenos*, als keltisches Heiligtum, gedeutet, wie es dem Stand der Forschung entsprach. Inzwischen ist jedoch erwiesen, dass diese kleinen rechteckigen Wallanlagen keine Kultbezirke, keine »Druidenstätten« waren, sondern Gutshöfe – jedenfalls wenn sie in der Ebene lagen. Um die Frage – Heiligtum oder Gutshof? Sakral oder profan? – auf dem Donnersberg zu klären, wurde 2006 eine Grabung angesetzt, die aufgrund der »archäologiefeindlichen« Bodenverhältnisse freilich nicht die erwünschten eindeutigen Beweise lieferte.

So bleibt man auf Vergleiche angewiesen. Einerseits lassen sich Wall und Graben sowie der Mangel an weiteren Gebäuden der Donnersberger Viereckschanze sehr gut mit »La Terrasse« in *Bibracte* vergleichen, die überzeugend als religiöser und politischer Versammlungsplatz gedeutet wird. Der Grundriss der »Kulthütte«, dessen Kennzeichen der vorangestellte Eingang ist, findet sich im Tempelbezirk auf dem Martberg wieder. In beiden Fällen ist freilich ein religiöser Kontext erwiesen.

Andererseits lässt sich der Grundriss der »Kulthütte« auch als Getreidespeicher deuten. Solche Speicher sind aus *oppida*, offenen Siedlungen und Gutshöfen bekannt. Sie standen auf einer Plattform, die auf vier überdurchschnittlich dicken Pfosten ruhte, die entsprechend tief eingegraben werden mussten. Die Plattform war nur über einen stabilen, rampen- oder leiterartigen Aufgang zu erreichen, von dem vor dem Speicher ein kleineres Pfostenpaar zurückblieb. Es ist also durchaus denkbar, dass auf dem Donnersberg ein Hof stand, von dem nur der Speicher – dessen Eckpfosten einen Durchmesser von 1,30 m hatten! – erhalten blieb, während die übrigen Gebäude entweder leichter fundamentiert oder ebenerdig angelegt waren. Wie rechtwinklige Spuren im LIDAR-Scan andeuten, könnten in der Nähe noch weitere Höfe – ohne Wall und Graben – gestanden haben. Es ist gut vorstellbar – wenn auch beim derzeitigen Forschungsstand noch nicht erwiesen – dass auf dem Donnersberg nicht die strenge Parzellierung wie in Staré Hradisko herrschte, sondern eine Besiedlung aus locker gestreuten Gutshöfen wie auf dem Heidengraben.

Die naturwissenschaftlichen Methoden der Donnersberg-Forschungen haben in den letzten Jahren neue Wege der Interpretation aufgezeigt. Das war das Anliegen der zuständigen Archäologin Andrea Zeeb-Lanz, die das *oppidum* aus seinem »archäologischen Dornröschenschlaf« wecken wollte, denn: »... schon von weitem erblickte ich das mächtige Bergmassiv, die Kuppe an diesem Wintertag in Wolken eingehüllt. Oben auf dem Plateau trieben Nebelfetzen gleich körperlosen Seelen der einstmaligen Bewohner der kel-

tischen Stadt durch den lichten Buchenbestand. Von diesem Tag an hatte der Donnersberg mich in seinen Bann gezogen.«

ALTENBURG-RHEINAU –
Umschlagplatz für die Flussschifffahrt
Jestetten, Baden-Württemberg (D); Rheinau, Kanton Zürich (CH)

Am Hochrhein, kurz hinter Schaffhausen, bietet sich ein grandioses Naturschauspiel: Hier stürzen die »*cataractae Rheni*« (so deren erste Erwähnung im 12. Jh.), die »rastlos donnernden Massen« (so der Dichter Eduard Mörike) des größten Wasserfalles Europas 24 m in die Tiefe. Kaum 2 km flussabwärts strömt das Wasser durch eine mächtige Doppelschleife. Sie bildet zwei Halbinseln, die als das »Doppel-*oppidum* Altenburg-Rheinau« in die archäologische Forschung eingegangen sind. Auf dem rechten Ufer in Deutschland liegt die 233 ha große Halbinsel »Schwaben«, auf dem gegenüberliegenden Schweizer Ufer die 85 ha große Halbinsel »Au«.

Beide Halbinseln waren durch Mauern abgeriegelt, deren Ruinen bis heute als Wälle im Gelände sichtbar sind. In archäologischen Sondierungen der 1930er-Jahre wurden beide Wälle als Befestigungen ehemaliger *oppida* identifiziert. 1972 bis 1977 und 1985 fanden im *oppidum* Altenburg planmäßige Grabungen statt, die ein reiches Fundmaterial zutage förderten, aber bis heute leider unveröffentlicht blieben. Diese Grabungen hatten sich nur auf den Bereich hinter dem Wall beschränkt (dunkelrot). Neuen Surveys zur Folge erstreckte sich die Fundstreuung jedoch fast über die ganze Halbinsel (hellrot). Moderne Grabungen im *oppidum* Rheinau zwischen 1991 und1997 blieben auf kleine Flächen beschränkt, aber auch hier lässt die moderne Luftbildprospektion inzwischen auf eine ausgedehnte Besiedlung schließen (dunkelrot).

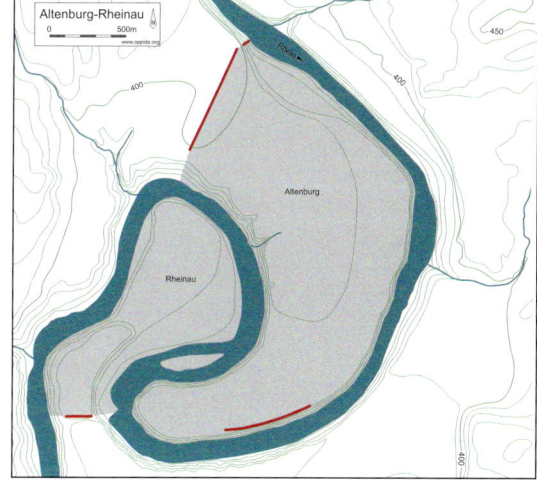

In beiden Fällen darf man aber nicht an eine flächendeckende Bebauung denken, sondern eher an eine landwirtschaftliche Nutzung, die an Einzelgehöfte gebunden war.

Der fast 800 m lange Altenburger Wall, die »Schanz«, bildet den Überrest einer Pfostenschlitzmauer, die – wie so oft – in Folge der Verwitterung der Hölzer zusammenzustürzen drohte und mit einer zweiten vorgesetzten Mauerfront repariert werden musste. Vor diesen Mauern verlief ein 20 m breiter und 5 m tiefer Graben, der eine echte Verteidigungsfunktion hatte. Ein Tor befand sich wohl am nördlichen Wallende. Die Mauer hinter dem »Keltengraben« in Rheinau war insofern ungewöhnlich konstruiert, weil die Pfosten nicht in, sondern hinter der Steinfront standen. ¹⁴C-Daten zufolge erklärt sich das daraus, dass hier eine ältere frühlatènezeitliche Mauer wieder benutzt worden war.

Für beide *oppida* gilt, dass über die Innenbebauung wenig bekannt ist. Hausgrundrisse bilden die Ausnahme. Aber über die Verteilung von Herdstellen und Vorratskellern lässt sich doch ein stadtplanerisches Element, ein Bebauungsraster aus gleichartigen, parallel angeordneten Häuschen von ca. 5 bis 6 m Länge und 3 bis 4 m Breite rekonstruieren. Produktion und Arbeitsteilung ist durch entsprechende Funde von Schmieden, Töpfern, Glasmachern und Münzstätten belegt, wie sie allerdings in vielen handwerklich strukturierten Großsiedlungen zu finden sind. Urbanität signalisiert jedoch der vom Ausgräber in Altenburg nur beiläufig erwähnte »mit auffallend zahlreichen Tierknochen verfüllte Graben«, in dem sich auch »mehrere menschliche Schädel ohne Unterkiefer« fanden. Das erinnert unmittelbar an keltische Kultbezirke und spricht dafür, dass es sich um den Graben eines Heiligtums gehandelt hat, d. h. um

Altenburg-Rheinau, Blick von Süden. Im Vordergrund links das Städtchen Rheinau in der flussabwärts gelegenen kleineren Schleife; rechts davon die bewaldete Schleife von Altenburg auf der rechten Rheinseite. In der Mitte ist das auf einer Insel stehende Kloster Rheinau zu erkennen.

eine öffentliche Einrichtung und damit um ein wesentliches Merkmal städtischer Lebensform.

Vor allem in Altenburg sind zahlreiche Importstücke gefunden worden, nicht nur die üblichen Weinamphoren aus Italien, sondern auch Raritäten wie eine Siegelkapsel, die den Gebrauch der Schrift, vielleicht sogar die Anwesenheit römischer Kaufleute verrät. In diesen Importen und über 400 keltischen Münzen, eigenen und fremden Prägungen, spiegelt sich die besondere Lage kurz vor dem Rheinfall an einem alten Flussübergang (nach dem allerdings bisher vergeblich gesucht worden ist). Welche Wege haben sich hier gekreuzt, welche Waren wurden hier umgeladen? Um dies zu verstehen, lohnt sich ein Blick auf die Hochrheinschifffahrt in historischen Zeiten. Seit dem Mittelalter wurde über den Hochrhein Salz aus Bayern und dem Salzkammergut transportiert, das nach Zürich verkauft wurde, da die Schweiz bis ins 17. Jh. nicht über eigene Salzlager verfügte. Im 16. Jh. setzte ein lebhafter Handel zwischen Norditalien und den Niederlanden ein, der ebenfalls über Bodensee, Hochrhein und Basel lief. Die Hochrheinschifffahrt zwischen Schaffhausen und Basel galt als besonders schnelle, allerdings auch als besonders gefährliche Verbindung wegen der zahlreichen Felsbänke und Stromschnellen. Fremde Schiffe auf »Talfahrt« (also flussabwärts) waren darauf angewiesen, dass die ansässige Bevölkerung Lotsendienste leistete, dass sie die leeren Schiffe vom Ufer aus an Seilen hindurchmanövrierte oder – wie beim Rheinfall – Schiffsladungen über Land auf Karren um Strudel und Wasserfälle herumführte. Wegen der starken Strömungen und der felsigen Steilhänge westlich der Aaremündung entwickelte sich auf dem Hochrhein jedoch nie eine wirtschaftlich bedeutende »Bergfahrt«, d.h. kein Treidelverkehr in entgegengesetzter Richtung von Basel nach Schaffhausen.

Anders kann es auch in frühgeschichtlicher Zeit nicht gewesen sein. Das *oppidum* dürfte daher die erwähnten Dienstleistungen angeboten haben, insbesondere um den Rheinfall herum. Aber an erster Stelle war es ein Umschlagplatz für mediterrane Waren wie Weinamphoren, die jedoch nicht über Basel, sondern über die Westschweiz und die Aare gekommen sein müssen. Von der Aaremündung bis Altenburg-Rheinau war nur ein kurzer, relativ unproblematischer Flussabschnitt zu bewältigen. Im *oppidum* konnte der Wein dann über den Rhein gebracht und auf Wagen umgeladen werden, um an die obere Donau und von dort zum Heidengraben oder nach Manching transportiert zu werden. Auf denselben Wegen, aber in umgekehrter Richtung, kam das Salz aus Schwäbisch Hall (Nordwürttemberg) bzw. aus Bad Reichenhall (Bayern) nach Altenburg-Rheinau, das von hier aus in die Ostschweiz gehandelt wurde.

Die bevorzugte Topografie erklärt ohne Weiteres, warum das *oppidum* Altenburg nach Ausweis der Münzen und Fibeln um (oder vielleicht schon vor) 125 v.Chr. gegründet worden ist. Aber die Verkehrsgeografie alleine kann es nicht gewesen sein, die die Errichtung der zweiten Befestigung in Rheinau um 80/70 v.Chr. veranlasst hat, zu einer Zeit, als der größte Teil der Bevölkerung Süddeutschlands schon abgewandert war. Hinter diesem späten Zeitpunkt – ebenso wie hinter der Tatsache, dass beide Halbinseln noch bis um die Mitte des 1. Jh. v.Chr. bewohnt blieben – müssen sich historische Prozesse verbergen, die noch im Dunkeln liegen. Eine Rolle könnten die von Caesar erwähnten *Germani* gespielt haben, d.h. aus Mitteldeutschland eingewanderte Gruppen. Sie tauchten um 80/70 v.Chr. einerseits in Gallien auf, siedelten sich andererseits in Südostbayern an, wo sie unverwechselbare archäologische Spuren hinterließen. Auch in Altenburg-Rheinau gibt es solche Spuren.

KELHEIM – das Eisenrevier
Bayern

Es dürfte kaum ein zweites *oppidum* geben, das in einer so idyllischen und geschichtsträchtigen Landschaft liegt, in der sich archäologische und lukullische Höhepunkte so zwanglos miteinander verbinden lassen.

Man beginnt die Besichtigung von Kelheim am besten wieder im »Archäologischen Museum«, das in einem imposanten spätgotischen Bau untergebracht ist. Hier kann man sich nicht nur mit der Topografie der etwa 600 ha großen Befestigung am Zusammenfluss von Altmühl und Donau vertraut machen, sondern auch im Innenhof 13 m originale Reste der einstigen 7,5 km langen Mauern sehen, neben der (etwas stilisierten) Rekonstruktion einer Pfostenschlitzmauer in voller Höhe.

Im Westen der Altstadt von Kelheim, im Zwickel zwischen Altmühl im Norden und Donau im Süden, erhebt sich die Spitze des Michelsbergs. Nicht weit vom Museum steigt ein steiler Fußweg in vielen Serpentinen gut 100 m hoch zur »Befreiungshalle«, von deren Galerie aus sich ein grandioser Blick über das Altmühldelta bietet. Ob diese »Akropolis« in spätkeltischer Zeit bewohnt oder vielleicht, wie der Gipfel der Steinsburg, dem Kult vorbehalten war, wird man nie erfahren. Die Errichtung des in historischem Pathos schwelgenden Monumentalbaus, mit dem König Ludwig I. an die Befreiung Europas von Napoleon I. erinnern wollte, hat alle prähistorischen Spuren gründlich vernichtet. Die Südflanke des Michelsbergs fällt über 80 m senkrecht zum »Donaudurchbruch« hin ab und musste nicht eigens befestigt werden, aber

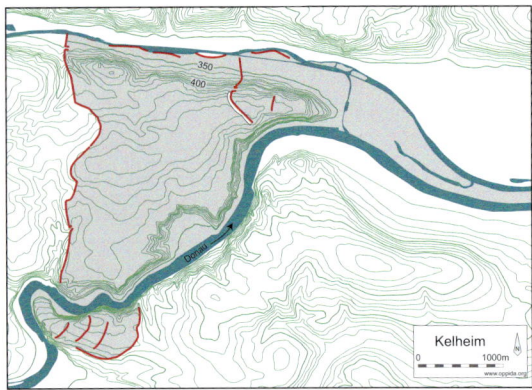

drei mächtige Abschnittsmauern zogen sich quer über den Berg und riegelten ihn nach Westen hin ab. Man kann sie auf einem schönen archäologischen Wanderweg kennenlernen.

Folgt man von der Befreiungshalle aus der Route IV, stößt man zuerst auf den innersten Wall, der wegen seiner stattlichen Höhe von über 5 m immer als mittelalterlich gegolten hatte. Erst durch die Grabung 1997 und ^{14}C-Datierungen stellte sich heraus, dass er schon zu Beginn des 2. Jt. v. Chr. errichtet und im 5. Jh. v. Chr. wieder benutzt worden war. Auf diese Periode bezieht sich die Rekonstruktion.

Tatsächlich in die Zeit des *oppidum* gehört jedoch der folgende »Innere Wall«. Die etwa 1 km lange, zweiphasige Pfostenschlitzmauer besaß ursprünglich zwei Zangentore, die heute leider beide zerstört sind. 1971 wurde ein Stück Wall nahe der Altmühl ausgegraben. Man stieß auf zwei außergewöhnliche Fundstücke, die schlaglichtartig enthüllen, welche rituellen Vorschriften mit der Erbauung von Stadtmauern verbunden gewesen sein können. Unter der Erdrampe der älteren Mauer lag ein mit Hunderten von Bronzenägelchen beschlagenes Holzjoch, dessen praktische Verwendung vom Ausgräber bezweifelt wurde, der eher an eine Art Standarte dachte. Ca. 60 cm vor der jüngeren Mauer fand sich in einer kleinen Grube das Schädeldach eines 60-jährigen Mannes. Wie der Anthropologe feststellte, war er mit einem Schwerthieb getötet und geköpft worden, der Kopf anschließend irgendwo aufbewahrt oder ausgestellt, mumifiziert und schließlich – gewiss nicht ohne rituelle Sorgfalt – deponiert worden. Sichtbar zur Schau gestellte, an Pfähle oder Tore genagelte Schädel waren in spätkeltischer Zeit keine Seltenheit. Die Wissenschaft ist sich nur nicht darüber einig, ob es sich hier nun um Trophäen, d. h. um die Köpfe erbeuteter Feinde, oder im Gegenteil um eine Form des Ahnenkultes handelte. Beides lässt sich begründen, und wahrscheinlich gab es auch beides.

Vom Inneren Wall führt ein bequemer Waldweg quer durch das Kelheimer Eisenerzrevier, das die wirtschaftliche Grundlage der *oppidani* bildete und ein wichtiger Grund für deren Zusammenschluss gewesen sein dürfte. Rechts und links des Weges zeichnen sich noch heute die Schürfgruben im Gelände ab, sowohl die unregelmäßig geformten, flachen Pingen der Spätlatènezeit, als auch die rundlichen, sehr viel tiefer reichenden Trichtergruben des frühen Mittelalters. Die Schürfgrubenfelder lassen darauf schließen, dass die Hochfläche zwischen Innerem und »Äußerem Wall« im 2./1. Jh. v. Chr. kein Wohn-, sondern ein »Gewerbegebiet« war. Öfen und Schlacken belegen die Verhüttung vor Ort.

Nach etwa einer Stunde beginnt ein kurzer steiler Abstieg, der direkt im südlichsten Zangentor des Äußeren Walls endet. Von hier aus kann man entweder nach rechts abbiegen auf den Wanderweg V, der in etwa 1,5 Stunden auf dem Wall selbst quer über das *oppidum* bis zur Altmühl führt und von dort den Fluss entlang zurück in die Stadt. Oder aber, und das ist empfehlenswerter, man biegt nach links Richtung Kloster Weltenburg ab.

Vorher sollte man sich aber noch die Mühe machen und auf die südliche Torwange hochklettern. Denn erst von der Höhe des Walles aus, die an die 6 m beträgt, begreift man die gewaltigen Dimensionen dieser fast 25 m langen und 25 m breiten Toranlage aus der Gründungsphase des *oppidum*, einer der größten bekannten Torbauten. Die über 3 km lange äußere Pfostenschlitzmauer war die erste Befestigung, die in der zweiten Hälfte des 2. Jh. v. Chr. errichtet wurde, aber aus so untauglichem Material, dass sie bereits nach 10 bis 20 Jahren erneuert werden musste. Von jetzt an verwendete man Plattenkalk, den man allerdings aus Steinbrüchen jenseits der Donau heranschaffen musste. Erst zu diesem Zeitpunkt scheint auch die innere Mauer entstanden zu sein. Vor beiden Mauern lagen Gräben, die breit, aber flach und daher keine Annäherungshindernisse waren, sondern das Baumaterial für die Rampen lieferten.

Man muss davon ausgehen, dass nach spätestens 25 Jahren die Frontpfosten beider Befestigungen so schadhaft geworden waren, dass sie ein weiteres Mal erneuert werden mussten. Im Rahmen dieser dritten Bauphase entstand auch der »Altmühlwall«, der heute im Main-Donau-Kanal verschwunden ist. Aufgrund einer Rettungsgrabung 1976 (der die Originalmauer im Museumshof verdankt wird) ist aber erwiesen, dass es sich nicht, wie ursprünglich angenommen, um einen aus Erde aufgeschütteten Hochwasserdamm handelte, sondern ebenfalls um eine 3 km lange Pfostenschlitzmauer. Sie verlief parallel zur Altmühl, um die Spitze des Michelsbergs herum und führte entlang eines Altarmes der Altmühl (»Radlmüller-Graben«) auf die Donau zu.

Kelheim, Blick über den Michelsberg nach Osten auf die Altstadt mit dem Kirchturm im Zentrum. Dahinter, ganz links oben im Bild, ist eben noch die Altmühl zu sehen und rechts am Rand die Donau.

Im »Mitterfeld«, zwischen Innerem Wall und »Radlmüller-Graben«, verbreitert sich der Abstand zwischen Altmühl und Michelsberg auf ca. 200 m, sodass eine siedlungsgünstige Terrasse entstanden ist. Von hier stammen die meisten Funde, insbesondere Werkzeuge und Abfälle von der Eisen- und Bronzeverarbeitung, die auf ein Handwerkerzentrum schließen lassen. Drei übereinander in den Hang gebaute Blockhäuser deuten eine Bebauung in Häuserzeilen an. Westlich des Handwerkerzentrums erstreckten sich eher locker verteilte Höfe mit Werkstätten. Viel mehr weiß man leider nicht, denn das »Mitterfeld« ist ohne jede denkmalpflegerische Betreuung überbaut worden.

Die Geschichte des *oppidum* begann nicht erst mit dem Mauerbau. Spätlatènezeitliche Funde unter dem Inneren und Äußeren Wall belegen ein älteres Dorf. Über einige Gräber des 3./2. Jh. v.Chr. lässt sich diese ältere Phase zwar schwach, aber dennoch kontinuierlich zurückverfolgen bis ins 5. Jh., in die Zeit einer großen frühlatènezeitlichen Befestigung. Sie lag ca. 1,5 km östlich vom *oppidum* in der »Altmühlflur« auf einer ehemaligen Insel im sumpfigen Altmühldelta. Erhalten hatten sich die Spuren von mehreren Gehöften und rund 40 Silogruben, die an die Speicherstadt auf der Ehrenbürg erinnern.

Die »Altmühlflur« blieb auch in der Folgezeit eng mit dem Michelsberg verbunden. Eine vom Kiesabbau zerstörte »Viereckschanze« bzw. ein »Herrenhof« – mit einem stattlichen Graben von 8 m Breite! – weist darauf hin, dass die Aristokratie außerhalb des *oppidum* residierte. In den Händen dieser Elite – ein Dutzend Gutshöfe im Umkreis von 20 bis 30 km deutet den Umfang an – dürfte die politische und administrative Führung des Wirtschaftszentrums Kelheim gelegen haben. Aufgrund hervorragender Verkehrsanbindungen konnte von hier aus ein größeres Umland wie das dicht besiedelte Altmühltal mit Eisenprodukten versorgt werden. Arbeitsteilung, soziale Differenzierung, zentralörtliche Funktion und ein repräsentativer Lebensstil – wie er unter anderem in der militärisch gänzlich überflüssigen, aber beeindruckenden, 4 bis 5 m hohen, leuchtenden Kalksteinmauer entlang des Altmühlufers zum Ausdruck kam – berechtigt, dem *oppidum* Kelheim, trotz Unkenntnis der Bebauung, Urbanität zu bescheinigen.

Um auf die Wanderung zurückzukommen: Jetzt sollte man sich von Wall und Zangentor verabschieden, zur Donau hinuntersteigen, das Fährboot nehmen und sich übersetzen lassen zum Kloster. Die Benediktinerabtei Weltenburg ist weltberühmt – für ihre Kirche und ihr Bier! Beide haben zweifellos eine lange Tradition, auch wenn diese nicht ganz so alt ist, wie die Werbeabteilung der Brauerei es gerne hätte. Im-

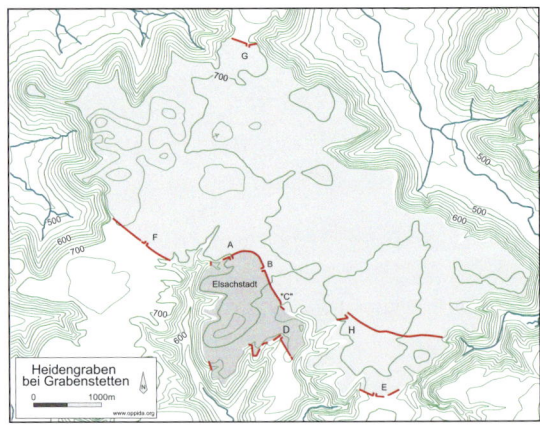

merhin wird das Kloster bereits im 9. Jh. urkundlich erwähnt; sämtliche mittelalterliche Bauten sind jedoch verschwunden. Die Klosterkirche von 1751 entschädigt dafür mehr als erwartet. Sie ist ein barockes Juwel der Brüder Asam, ein Werk von unübertroffener Raffinesse im Spiel mit Licht und Perspektiven.

Nach so viel Archäologie und Kunst sollte man sich im Klosterbiergarten erholen, bevor man mit dem Schiff zurück nach Kelheim fährt und den letzten, in diesem Falle landschaftlichen Höhepunkt des Tages genießt: die Fahrt durch die Weltenburger Enge, bekannt als »Donaudurchbruch«. König Ludwig I. hat die bis zu 110 m schmale, 80 m hohe und 5,5 km lange Schlucht bereits 1840 zum Naturdenkmal erklärt, um ihre Schönheit vor Steinbruchbetreibern zu schützen. Leider hat er bei der Errichtung der Befreiungshalle nicht ebenso fürsorglich an die Archäologie gedacht!

HEIDENGRABEN – 1800 Hektar und acht Tore
Grabenstetten, Baden-Württemberg

Unter allen Befestigungen Europas ist der Heidengraben mit 1770 ha Innenfläche (nach neuer Berechnung) und mehr als 10 km Befestigungen nicht nur das mit Abstand größte, sondern auch das rätselhafteste *oppidum*. Seine schier unglaublichen Ausmaße stehen in krassem Missverhältnis zur Fundarmut, zum Mangel an urbanen Merkmalen wie Bebauungsdichte, Straßensystemen, öffentlichen Gebäuden, usw.

Der Heidengraben liegt ca. 30 km südöstlich von Stuttgart am Nordrand der Schwäbischen Alb, dem so genannten Albtrauf. Dieser durch Erosionsvorgänge zerlappte Steilabfall, der das Vorland bis zu 400 m überragt, hat zahllose hochragende Vorsprünge und Sporne geschaffen. Sie gehen im Süden in die Albhochfläche über, eine Landschaft, die von kargem Reiz ist, berühmt für ihre Wacholderheiden, zwischen denen die weißen Felsnasen der Kalkriffe aufleuchten. Eine dieser Berghalbinseln nimmt das *oppidum* ein. Wegen seiner scheinbar siedlungsfeindlichen Höhe und isolierten Lage, »sozusagen in einer Sackgasse«, schien es zu den Fragen nach Entstehung und Funktion der »keltischen Stadt« nichts beitragen zu können. Aufgrund der Forschungen der letzten Jahre muss dieses Urteil jedoch gründlich revidiert werden.

Die Erforschung des Heidengrabens begann mit Friedrich Hertlein, einem rührigen Studienrat, der auf den Spuren von Napoleon III. in seiner schwäbischen Heimat gezielt nach »keltischen *oppida*« suchte. Er wurde zuerst in Finsterlohr, dann in Grabenstetten fündig. 1906 stellte ihm der Schwäbische Albverein Grabungsmittel zur Verfügung, mit denen ihm in fünf (!) Tagen tatsächlich die Datierung des Heidengrabens gelang. Hertlein trennte die Außenbefestigung (Tor E–G) von der Innenbefestigung (Tor A–D), die er aufgrund des dort entspringenden Baches als »Elsachstadt« bezeichnete und in der er das Siedlungszentrum vermutete. Er legte einen Schnitt quer durch den Wall der Innenbefestigung, fand eine Pfostenschlitzmauer mit zwei vorgelagerten seichten Gräben und grub zwei Zangentore aus. Damit hatte er die Grundlagen für weitere Forschungen geschaffen, die aber zunächst stagnierten. Zwar wurde 1971 eine weitere Mauer in Grabenstetten (Tor H) identifiziert; zwar kam es zu Notgrabungen an verschiedenen

Wallabschnitten (1974; 1976 und 1981). Aber es dauerte fast 100 Jahre nach Hertleins Entdeckung, bis erstmals systematische Grabungen in der »Elsachstadt« stattfinden konnten (1994–1999), die bewiesen, dass hier tatsächlich ein Zentrum gelegen hatte. Die Erhaltungsbedingungen waren zwar nicht (mehr) gut, denn starke Erosion und intensive Beackerung hatten die alten Oberflächen zerstört. Trotzdem ließ sich eine zwar lockere, aber großflächige Bebauung aus Hofarealen rekonstruieren, wie sie für fast alle *oppida* typisch sind. Handwerkliche Tätigkeiten sind ebenfalls belegt. Da aber meist nur 5 m breite Streifen freigelegt und insgesamt nur ca. 1 % der 165 ha großen Innenbefestigung ausgegraben werden konnte, weiß man über sonstige Einrichtungen kaum etwas.

Dass der Heidengraben trotzdem ein *oppidum* gewesen ist, das die herausragende politische und wirtschaftliche Bedeutung besaß, die diese Befestigungen auszeichnete, ging aus diesen Grabungen allein nicht hervor, sondern erschloss sich erst indirekt über eine mikrotopografische Analyse. Erst unter Berücksichtigung des gesamten geoökologischen Potenzials – Bodenqualität, Wasserversorgung, mittlere Jahrestemperatur, Beginn und Dauer der Vegetationsperiode – sowie der verkehrsgeografischen Einbindung

Heidengraben, Blick nach Nordwesten auf den Albtrauf. Im Hintergrund ist die Burgruine Hohenneuffen zu erkennen, in der Bildmitte liegt die Gemeinde Grabenstetten.

in überregionale Netze stellte sich heraus, dass der Heidengraben nicht nur eine ausgesprochen siedlungsgünstige Insel bildete, sondern auch eine strategische Spitzenposition einnahm. Die Gründergeneration wählte zielsicher einen Platz, der natürliche Ressourcen bot, die das *oppidum* landwirtschaftlich autark machten. Allein innerhalb der Außenbefestigung standen 800 ha fruchtbarer Boden zur Verfügung. Wie die Fundstreuung zeigt, wurde er erfolgreich von einzelnen Gutshöfen bewirtschaftet, deren gehobener Lebensstandard sich im Weinkonsum der Besitzer spiegelt.

Die Stadt wurde jedoch nicht gegründet, um neues Land zu erschließen, sondern einzig und allein, um den Fernhandel unter Kontrolle zu bringen, der sich im Laufe des 2. Jh. v.Chr. entwickelt hatte. Eine zunehmend wichtigere Rolle spielten darin die Überquerung der Alb und insofern die Überwachung der Albaufgänge. Das Plateau von Grabenstetten hatte den Vorteil, dass es nicht nur Äcker und Weiden einschloss und sich trotz seiner Größe mit relativ kurzen Mauerstrecken effektiv abriegeln ließ, sondern es bot auch Zugriff auf zwei Aufgänge, die die kürzesten Verbindungen zwischen den Wasserstraßen von Neckar und Donau herstellten. Unmittelbar entlang des *oppidum*, 200 m unterhalb seines östlichen Steilabfalls, verlief die wichtigste Trasse Richtung Bodensee, das Lenninger Tal, das 200 Jahre später aus eben diesem Grund zur Römerstraße ausgebaut wurde. Auf diesem Weg wurde – wie bereits für Altenburg-Rheinau beschrieben – Wein aus dem Süden gegen Salz aus Schwäbisch-Hall oder Drehmühlen aus Steinbrüchen des Odenwalds getauscht. Die Bewohner des Heidengrabens konnten auf vielfältige Weise von ihrer Schlüsselposition profitieren: indem sie das Tal sperrten und eine Maut erhoben; indem sie Führer stellten, die Abkürzungen kannten; indem sie Träger und Tragtiere verköstigten oder Wagen ausliehen, um die 30 kg schweren Amphoren, nicht zu reden von den 60 kg schweren Drehmühlen, über Land zu schaffen. Wie auch immer sich diese Geschäfte abgespielt haben – dass sie sich gelohnt haben und der »Zoll« in Form von Wein nicht unerheblich gewesen

ist, beweisen die ungewöhnlich zahlreichen Amphorenscherben vom Heidengraben. Immerhin sind hier dreimal so viele Weinbehälter gefunden worden wie in Manching, in dem doch über Jahrzehnte hinweg das x-Fache an Fläche ausgegraben worden ist!

Auch die hohe Zahl der Glasarmringe und -perlen ist geeignet, die Bedeutung des Heidengrabens im Fernhandel zu belegen. Neue chemische Analysen deuten darauf hin, dass »keltischer Glasschmuck« aus Rohglas hergestellt worden ist, das aus ein und derselben Quelle stammte. Sollte sich diese Theorie bestätigen, ist Manching sicher ein zentraler Tauschplatz für dieses Rohglas gewesen, und der Handel von der Donau ins Neckargebiet wäre ebenfalls vom Heidengraben kontrolliert worden.

Angesichts so vieler günstiger Bedingungen überrascht es, dass das *oppidum* Heidengraben nur 20 bis 40 Jahre existiert haben soll (130/120–100/90 v.Chr.). Es steht damit aber nicht alleine. In Südwestdeutschland scheinen alle Großsiedlungen schon sehr früh, früher als in Bayern, verlassen worden zu sein. Die Erinnerung an die »Einöde der Helvetier«, die ursprünglich (auch) in Südwestdeutschland gelebt haben sollen, klingt noch nach über 200 Jahren bei Tacitus und Ptolemaios nach. Es ist natürlich verlockend, diese Abwanderung mit dem Durchzug der »germanischen Kimbern« zu verbinden. Ihnen sollen sich nämlich laut antiker Überlieferung zwei Teilstämme der Helvetier (Teutonen und Tiguriner) zum Marsch nach Gallien angeschlossen haben. Diese Konstruktion hätte den unbestreitbaren Vorteil, dass wir wüssten, warum die meisten Menschen nicht zurückgekehrt und wo die Männer geblieben sind – nämlich auf den Schlachtfeldern von Aix-en-Provence–*Aquae Sextiae* (102 v.Chr.) und Vercelli–*Vercellae* (Region Piemont, Italien; 101 v.Chr.), wo die Kimbern endlich von den Römern vernichtend geschlagen wurden.

Beim derzeitigen Forschungsstand lässt sich dieses dramatische Szenario leider nicht verifizieren. Deutlich ist aber, dass um 100 v.Chr. unter der Bevölkerung Mitteleuropas eine Unruhe ausgebrochen ist, die auch die *oppida* nach und nach erfasst hat.

Kult und Macht

In den letzten 30 Jahren sind zahlreiche französische Heiligtümer des 3./2. Jh. v. Chr. erforscht worden, die zu der Erkenntnis geführt haben, dass die Religion der Gallier sich keineswegs auf die Mistelernte der Druiden beschränkte. Stattdessen bezeugen Waffenopfer, Schädelkult und kopflose Mumien exzessive Riten einer kriegerischen Aristokratie. Mit der Entstehung der oppida *verschwanden diese Kultstätten jedoch. Die Heiligtümer wanderten in die Städte und erhielten eine neue Funktion. Sie bildeten die Zentren des öffentlichen Lebens, und zwar nicht nur in religiöser, sondern auch in politischer und wirtschaftlicher Hinsicht. Im Kult formierte sich die neue Gesellschaft, die auch die Schicht der Handwerker und Händler einschloss. Deshalb gehörte zu dem »heiligen Ort« immer auch ein Versammlungsplatz, auf dem politische Veranstaltungen abgehalten, Abstimmungen und Wahlen durchgeführt wurden, auf dem Gerichtstage, Märkte und Feste stattfinden konnten. Nicht immer lassen sich die archäologischen Funde eindeutig der einen oder anderen Kategorie zuordnen, zumal alle Handlungen in kultische Rituale eingebunden waren. Auch diese hatten sich geändert. Zwar knüpften blutige Tieropfer an die alte Tradition der Opfermahlzeit an, aber im Mittelpunkt kultischer Handlungen standen nun die mit italischem Wein gefüllten Amphoren, um die sich Rituale des Trinkens und Spendens entwickelten. Kein Wunder, dass der Bedarf nach Wein so groß war. Die Zahl der Amphoren, die im Laufe von ca. 100 Jahren in die gallischen* oppida *geliefert wurden, muss in die Millionen gegangen sein.*

CORENT – Blut und Wein
Region Auvergne, Frankreich

Die spätlatènezeitliche Siedlung Corent liegt 15 km südöstlich von *Gergovia* auf einem steil abfallenden Plateau vulkanischen Ursprungs, etwa 200 m über dem Tal des Allier. Eine Befestigung wurde bisher nicht entdeckt; die Gesamtfläche wird auf etwas über 50 ha geschätzt. In den letzten Jahren wurde im Zentrum des Plateaus ein zunächst gallisches, später römisches Heiligtum ausgegraben, ein Handwerker- und Händlerbezirk sowie ein vornehmes Wohnviertel.

Corent wurde gegen Ende des 2. Jh. v. Chr. gegründet und war bis zum Gallischen Krieg der Hauptort des mächtigen Stammes der Arverner; dann musste es seine Vormachtstellung an *Gergovia* abtreten. Die Arverner waren 120 v. Chr. Nachbarn der römischen Provinz *Gallia Narbonensis* (Provence) geworden; es überrascht daher nicht, dass sowohl die Architektur als auch das Fundmaterial von Corent einen starken mediterranen Einfluss spiegeln. Um 30/20 v. Chr. wurde das *oppidum* aufgegeben; nur das römische Heiligtum überlebte bis um 300 n. Chr.

Das gallische Heiligtum bestand zu Beginn aus einem 43 m × 45 m großen *témenos*, einem von einer Palisade eingehegten Platz. Nach einigen Jahrzehnten wurde die Palisade abgerissen und durch eine monumentale, 6 m breite Säulenhalle ersetzt, die nach außen geschlossen und nach innen offen war; das Dach ruhte auf einer doppelten Pfostenreihe. Man betrat das Heiligtum durch ein wohl zweistöckiges Portal, nachdem man eine Münze geopfert hatte – der Menge nach zu schließen, die sich hier fand. Hinter dem Tor stieß man auf kleine, in den Boden eingelassene Holzbecken, die dazu dienten, Wein zu spenden. Rechts und links vom Eingang standen zwei Gebäude, an deren Wänden »Knochengirlanden«, vor allem aus Unterkiefern von Schaf und Ziege baumelten, die den Göttern geweiht waren. Geschlachtet wurden die Tiere im rechten Gebäude auf einem Altarstein, der Spuren der Axthiebe bewahrt hatte. Der Boden des

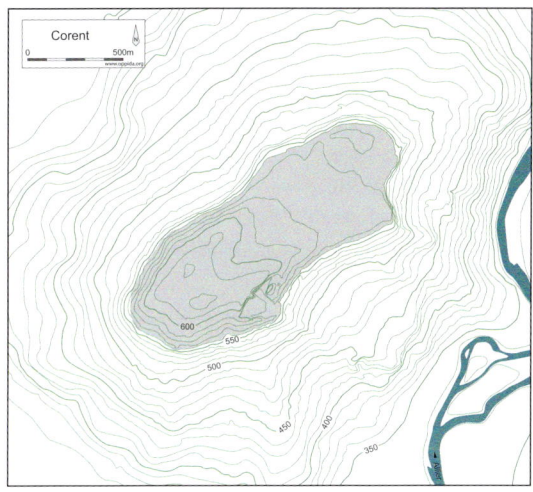

Innenhofes und der Säulenhalle war übersät mit den Überresten von Opfermahlzeiten und rituellen Handlungen – Zehntausenden von Tierknochen und Amphorenscherben, zerbrochenem Geschirr, unbrauchbar gemachten Waffen und Fibeln, Geräten zum Kochen, Braten und Essen. Spuren eines Zauns in der hinteren Ecke des Hofes könnten von einem Viehpferch stammen, in dem sich die Opfertiere drängten. Die vielen Menschen, ein ständiges Kommen und Gehen, der Rauch zahlreicher Opferfeuer, das ängstliche Blöken und Meckern der Schafe und Ziegen, das Geschrei der Betrunkenen und über allem das Wabern eines infernalischen Gestanks, der von den Schlachtabfällen aufstieg – man kann sich ein solches Tempelleben gar nicht bunt genug vorstellen.

Vor dem Heiligtum lag ein großer Versammlungsplatz. Im Norden schloss sich das erwähnte Viertel der Handwerker und Händler an. Um einen quadratischen Hof herum fanden sich Abfälle, Werkzeuge und Arbeitsplätze von Bronze- und Eisenschmieden, Metzgern, Knochenschnitzern, Schreinern sowie der Leder- und Textilverarbeitung. Wahrscheinlich wurden die Produkte an Ort und Stelle verkauft, d. h. in kleinen Läden entlang des zentralen Platzes. Ein großes, 20 m langes Gebäude über einem in den Fels gehauenen Keller in der Nordostecke dieses Viertels wurde als Wirtshaus interpretiert. Ein anschließen-

der, *insula*-artig strukturierter Wohnbereich kann aufgrund der exquisiten Funde – Waffen, Fingerringe aus Silber, einem goldenen Fibelpaar, medizinischer Geräte, Siegelkapseln (vgl. Altenburg-Rheinau) – der Aristokratie zugewiesen werden.

Das großartige Ensemble – eine Kombination aus Heiligtum und freiem Platz, auf den sich ein Handwerkerviertel öffnet – erinnert unmittelbar an das Forum einer römischen Stadt. An der Tatsache, dass Corent auch ohne *murus gallicus* nicht nur ein *oppidum*, sondern auch eine keltische Stadt war, besteht kein Zweifel.

TITELBERG – bevor die Römer kamen
Pétange, Luxemburg

Der Titelberg liegt im Südwesten des heutigen Großherzogtums Luxemburg, 70 km westlich von Trier, in einer fruchtbaren Landschaft. Der Berg bildet ein großes vorspringendes Kalksteinplateau, das den Talboden um etwa 100 m überragt und an den Rändern steil abbricht. Nur im Südosten ist es durch eine 200 m breite Zunge mit dem Hochplateau von Differdange verbunden.

Der Titelberg ist derzeit eines der am besten erforschten *oppida* Galliens. Dank modernster Prospektionsmethoden konnte ein relativ vollständiges

Bild der Siedlung gewonnen werden. Das gesamte Plateau wurde geophysikalisch prospektiert, sodass nun ein Gesamtplan der Baustrukturen vorliegt. Seit 1968 führt das Musée National d'Histoire et d'Art in Luxemburg auf und um den Berg herum archäologische Untersuchungen durch.

Um das Plateau zu schützen, wurde es bereits im 5. Jh. v. Chr. mit einer Abschnittsbefestigung abgeriegelt, dem so genannten Hauptwall. Zu dieser Zeit handelte es sich wohl noch nicht um einen dauerhaft besiedelten Platz, sondern eher um einen gelegentlich aufgesuchten Versammlungsort.

Gegen Ende des 2. Jh. v. Chr. wurde über dem Schutt des Hauptwalles eine erste spätlatènezeitliche Mauer mit horizontalem Balkengerüst und Rampe errichtet (Phase III), die jedoch einem Brand zum Opfer fiel und von einem klassischen, vernagelten *murus gallicus* ersetzt wurde (Phase IV), der um das gesamte Plateau herumführte. Die 2,7 km lange Ringmauer schloss eine Fläche von 43 ha ein. Es muss eine imposante Befestigung gewesen sein, die im Zugangsbereich über 6 m hoch gewesen sein soll und mit einer 20 m breiten Rampe hinterschüttet war. Wie die Funde zeigen, hat diese Anlage den Gallischen Krieg unbeschadet überstanden, stürzte aber bald danach ein, nachdem die vorderen Balkenlagen verrottet waren. Auf dem Bauschutt wurde die letzte und jüngste *oppidum*-Befestigung vom Typ Fécamp errichtet (Phase V), die einen heute noch 10 m hohen Schuttwall hinterlassen hat, vor dessen archaischer Monumentalität der Besucher staunend innehält.

Gleichzeitig mit dem Bau der Ringmauer um 100 v. Chr. wurde die Infrastruktur der Stadt geschaffen: Eine Hauptstraße, die die beiden Tore im Osten und Westen der Befestigung miteinander verband; ein rechtwinkliges System von Nebenstraßen; entlang der Hauptstraße anstelle von Höfen eine enge »streifenartige« Bebauung mit langschmalen Häusern, in denen Handwerk und Handel stattfanden; ein Kult-

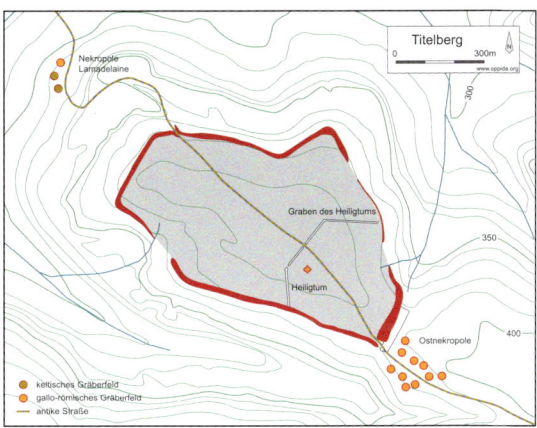

bezirk im Osten der Stadt. Dieser Bezirk bestand aus einem etwa 10 ha großen Areal, dessen Begrenzung eine Mauer aus luftgetrockneten Lehmziegeln bildete, vor der ein 4 m breiter, in den Fels gehauener Graben verlief. Der Graben diente als Opferplatz für Tierkadaver und Votivgaben wie Fibeln, Lanzenspitzen und Miniaturwaffen. In dieser ersten Phase blieb der Kultbezirk unbebaut; nur zur Abhaltung von Wahlveranstaltungen wurde das Gelände zeitweise durch bewegliche Absperrgitter in schmale, 5 m breite Gänge unterteilt. Wie Zigtausende von Tierknochen, die in den Boden getreten waren oder in den zahlreichen Gruben lagen, vermuten lassen, könnten auf dem Platz außer politischen Versammlungen und öffentlichen Kulthandlungen auch große Märkte stattgefunden haben, auf denen geschlachtet und Fleisch verkauft wurde, das im Rahmen von Festen und Opfermahlzeiten verspeist wurde.

Gegen Mitte des 1. Jh. v. Chr. – vor dem Gallischen Krieg – wurde eine 15 m × 14 m große dreischiffige Halle errichtet, die auf mächtigen Pfeilern ruhte, aber keine Wände hatte, sondern nach allen Seiten hin offen war. Auf dem Vorplatz zu dieser Halle befand sich eine Art Altar und eine zweite kleinere Halle, die einem Ahnenkult gedient haben könnten, da in diesem Bereich Fragmente menschlicher Schädel gefunden wurden. Der kultische Charakter des Ensembles ist unübersehbar, erinnert aber auch an die Kombination Basilika, Forum und Tempel einer römischen Stadt. Eine Funktion der großen Halle als Kultzentrum für Feste und Märkte ist ebenso denkbar wie die als Basilika, als Stätte politischer und richterlicher Macht, zumal sich Letztere üblicherweise aus religiöser Macht entwickelte. Was auch immer in und um diesen bisher einzigartigen Bau herum geschah, er war verbunden mit einem Versammlungsort, der weit mehr Personen Platz bot, als das *oppidum* zu dieser Zeit Einwohner gezählt haben dürfte.

Im 2. Jahrzehnt v. Chr. wurde der Kultbezirk umgestaltet. Die hölzernen Hallen wurden abmontiert, der Kultgraben verfüllt, entlang der Hauptstraße Werkstätten errichtet und anstelle der großen Halle eine Plattform mit Dutzenden von Feuerstellen für rituelle Handlungen angelegt. In der ersten Hälfte des 1. Jh. n. Chr. wurde diese Plattform durch eine offene Steinhalle ersetzt, die zu Beginn des 2. Jh. geschlossen und mit einem Säulenumgang versehen wurde. Erhalten hatten sich von all dem natürlich immer nur die Grundrisse, aber wie das *fanum* (der gallo-römische Umgangstempel) ausgesehen hat, verrät ein kleines Modell aus Kalkstein, das auf dem Titelberg zum Vorschein kam. Mit dem *fanum* ist das keltische *oppidum* endgültig zum römischen *vicus* geworden.

Der Titelberg gehörte zu jenen *oppida*, die Caesar nicht nur verschont hatte, sondern die nach dem Gallischen Krieg sogar eine zweite Blüte erlebten – trotz (oder gerade wegen?) der Anwesenheit römischen Militärs, das kurzfristig (zwischen 52 und 30 v. Chr.?) im Westen des *oppidum* stationiert worden ist. Der Reichtum der Stadt geht nicht nur aus dem Fundmaterial hervor – unter anderem aus Tausenden von fremden Münzen sowie einer eigenen Münzprägung, aus Wein- und Ölamphoren, importiertem Tischgeschirr aus Ton und Bronze –, sondern auch aus den zum Titelberg gehörenden Gräbern. Nicht nur die reichere Westnekropole, in der die städtische Oberschicht beigesetzt wurde, auch die große Ostnekropole der Handwerker und Händler spiegelt Wohlhabenheit. Die Gräber der keltischen Aristokratie, die um den Titelberg herum ihre Landsitze hatte, auf denen sie sich bestatten ließ, verraten nicht nur, wie luxuriös das Leben nach dem Krieg weiterging, sondern auch die rasche Integration der Treverer-Elite in die neue, von Rom geprägte Kultur.

Am rechten östlichen Ende des Plateaus ist die Grabungsfläche mit den Mauern des römischen Heiligtums zu sehen. Foto: ARCTRON – Musée National d'Histoire et d'Art, Luxemburg.

Zur Zeit der gallischen Unabhängigkeit, also vor der caesarischen Eroberung, war das *oppidum* Titelberg mit Sicherheit der Hauptort der Treverer, die ihren Namen dem Trierer Land gegeben haben. Im 2. Jahrzehnt v. Chr. hat der Titelberg seinen Status zugunsten von Trier verloren. In der Kaiserzeit gab es nur noch einen kleinen *vicus* um das Heiligtum herum, das noch bis ans Ende des 3. Jh. n. Chr. überlebte.

MARTBERG – ein Phallus für *LENUS MARS*
Pommern, Rheinland-Pfalz

Etwa 30 km Luftlinie, bevor die Mosel in den Rhein mündet, liegt auf dem linken Ufer, zwischen den Gemeinden Pommern und Karden, 180 m hoch über dem Flusslauf das *oppidum* Martberg. Das südliche Plateau des namengebenden Martberges (40 ha) ist mit dem nördlich anschließenden Hüttenberg (30 ha) über eine schmale Senke verbunden. Die beiden, allseits steil abfallenden Hochflächen werden im Süden und Osten von der Mosel umflossen, im Norden und Westen von zwei tief eingeschnittenen Bachtälern begrenzt.

Die markante Lage hat natürlich schon frühzeitig die Heimatforscher zu einer regen Sammeltätigkeit in den »römischen Trümmern« angeregt. Ein Grundstücksbesitzer aus Pommern, der auf eigene Faust mit Ausgrabungen begonnen hatte, entdeckte 1876 eine Inschrift, in der sich der gelehrte Grieche Tychikos um 200 n. Chr. in poetischen Versen für seine Genesung von »Leiden an Körper und Seele« bei dem Gott *Lenus Mars* bedankt. Die epigrafische Kostbarkeit, die die »Trümmer« in einen römischen Kultbezirk verwandelten, veranlasste Joseph Klein, Direktor des Rheinischen Landesmuseums Bonn, zu mehrjährigen Ausgrabungen (1885–1890), in denen er drei Tempelgebäude freilegte. In den 1980er-Jahren wurde daraus eine klassische Pilgerstätte rekonstruiert, eine Art antiker Kurort. Die modernen Grabungen 1994 bis 2004 haben diese These nicht bestätigt, wohl aber ein vollständiges Bild des Tempelbezirkes ergeben. Er war dem keltischen Heilgott *Lenus* geweiht, im Land der Treverer der bekannteste Gott, der in römischer Zeit, vielleicht aufgrund eines Missverständnisses, mit dem römischen Kriegsgott *Mars* identifiziert wurde. Votivgaben für Heilgötter stellen häufig Körperteile dar. Vom Martberg stammen so viele kleine Phallusdarstellungen, die nur hier eigens hergestellt worden sind, dass es sich um einen ganz speziellen lokalen Heilkult gehandelt haben muss – woran auch immer der arme Tychikos gelitten hatte.

Die Verehrung des *Lenus Mars* lässt sich bis zum Beginn der Stadtgründung zurückverfolgen. Die Siedlung erstreckte sich über Mart- und Hüttenberg

und war rundum von einer Pfostenschlitzmauer umgeben, die sich entlang der Hangkante zog. Zu Beginn des 1. Jh. v. Chr. wurde in der Mitte des Martberges, auf seinem höchsten Punkt, ein freier, etwa 70 m × 60 m großer Platz abgesteckt. Wie der Kultbezirk auf dem Titelberg diente auch dieser Ort dazu, Versammlungen aller Art durchzuführen. Zunächst blieb der Platz unbebaut; nur an seinem Rand wurden kleine Opfergruben angelegt, in denen unter anderem zwei Schweine deponiert wurden. Das Schwein scheint auch in den folgenden Jahrhunderten die größte Rolle im Kult gespielt zu haben, ganz im Unterschied zum Titelberg, wo zu allen Zeiten Rindfleisch auf den Altären brannte, während im Heiligtum von Corent vorzugsweise Schaf und Ziege geopfert und verspeist wurden.

Noch in der ersten Hälfte des 1. Jh. v. Chr. kam es zu gesellschaftlichen Veränderungen, die sich in Kult und Ritus niederschlugen. Der Platz wurde mit Bretterwänden geschlossen, die je einen Durchlass im Norden und Osten aufwiesen; in der Süd- und Westecke entstanden zwei Holzgebäude und in der Mitte eine 10 m × 12 m große Grabenanlage. Über den Graben führte ein Steg; neben diesem stand ein einzelner mächtiger Pfosten. Um diesen herum und auf dem Weg dorthin fanden sich die meisten Votivgaben dieser ersten Phase, vor allem Münzen, Fibeln und Waffen. Die Münzen weisen häufig Einhiebe auf, die Fibeln sind manchmal absichtlich verbogen oder zerbrochen worden. Willentliche Zerstörung ist ein Phänomen, das wir in vielen spätlatènezeitlichen Kultplätzen beobachten (Dünsberg, Manching, Bern-Engehalbinsel, Corent).

Im Laufe der folgenden Jahrzehnte wurde der Kultbezirk immer wieder umgestaltet. Um die Zeitenwende wurden in allen vier Ecken neue Tempel errichtet und die Grabenanlage erstmals ebenfalls durch

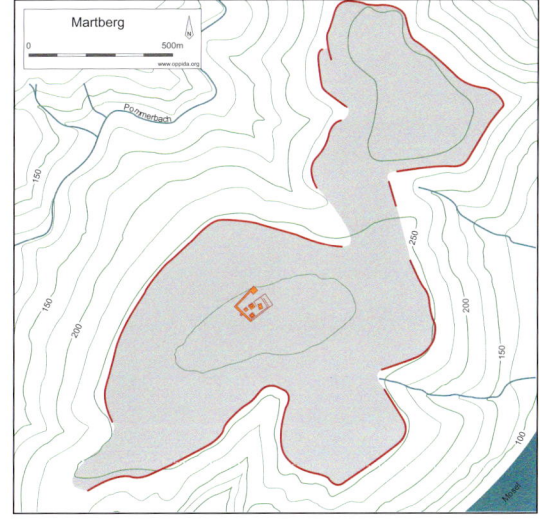

einen geschlossenen Bau (K) ersetzt. Es handelte sich überwiegend um quadratische Gebäude mit ca. 4 bis 6 m Seitenlänge, ungewöhnlich massiven Eckpfosten und einem vorangestellten Eingang. Dieser wird üblicherweise als ebenerdiger torhallenartiger Zugang rekonstruiert, der wie eine Schleuse zwischen der profanen Außen- und der sakralen Innenwelt wirkte. Das Vorbild dieser Tempelform war nicht etwa – wie man aufgrund des verblüffend ähnlichen Grundrisses vermuten könnte – ein Speicherbau wie auf dem Donnersberg, sondern ein spezieller Haustyp, der bereits außerhalb des Kultbezirkes in der Martberg-Siedlung vorhanden war. Mindestens vier derartige Gebäude mit vorangestelltem Eingang wurden hier entdeckt. Sie sind nicht nur eindeutig älter als die Tempel, sondern unterscheiden sich durch ihre beachtliche Größe – von bis zu 35 m² – auch ebenso eindeutig von den lokalen Martberger Speichertypen, bei denen es sich um winzige Bauten von 2 m Seitenlänge handelt. Damit ist klar, dass die Tempel eine Architektur aufgegriffen haben, die bereits in der Siedlung eine spezielle Bedeutung signalisiert haben muss, die wir nur leider nicht kennen. Anzunehmen ist aber, dass sich die Rolle dieser Häuser nicht nur in der Form des (kontrollierbaren!) Zu-

gangs, sondern auch in der Höhe ausgedrückt hat. Die massiven Eckpfosten erlaubten eine turmartige Konstruktion der Tempel, die auf diese Weise von allen Seiten des *oppidum* her sichtbar waren.

Das *oppidum* Martberg löste sich um die Zeitenwende auf. Zurück blieb ein kleiner römischer *vicus*, der von den Pilgern lebte, die das Heiligtum weiterhin aufsuchten. Der Zustrom muss zunächst beachtlich gewesen sein, denn der Kultbezirk wurde im 2. Jh. n. Chr. in Stein umgebaut, der zentrale Tempel (K) in ein *fanum*, in einen gallo-römischen Umgangstempel, verwandelt. Für diese architektonische Innovation ist lange Zeit nach einer altkeltischen Tradition gesucht worden. Aber spätestens die Grabungen auf dem Martberg haben endgültig erwiesen, dass Umgangstempel eine Erfindung der gallo-römischen Kultur gewesen sind. Im 3. Jh. n. Chr. standen drei solcher Tempel auf dem Berg. Hunderte von Fibeln, Tausende von Münzen und Zehntausende von Tongefäßen sind hier im Laufe der Jahrhunderte zerstört, geopfert und deponiert worden. Erst gegen Ende des 4. Jh. n. Chr. endete die Geschichte des Heiligtums und damit endgültig auch die der keltischen Stadt auf dem Martberg.

Martberg, Blick nach Osten. Am linken Ufer im Vordergrund die Hochfläche vom Martberg, im Hintergrund der Hüttenberg. Auf dem rechten Ufer liegt die Gemeinde Treis-Karden.

Was geschah mit den *oppida*?

In Frankreich herrschte lange Zeit die Meinung vor, dass in römischer Zeit alle gallischen oppida *in Höhenlage zugunsten der Städte im Flachland aufgegeben worden seien. Das gilt heute nur noch bedingt. Zwar hat eine solche Verlegung stattgefunden, doch erfolgte sie keineswegs automatisch. Besonders in Ostgallien hat sich immer deutlicher herausgestellt, dass zahlreiche* oppida *ihren Status behalten haben und kontinuierlich bis in die römische Kaiserzeit, manchmal sogar darüber hinaus bis heute bewohnt geblieben sind. Moderne Städte wie Langres–Andemantunnum, Metz–Divodurum und Besançon–Vesontio sind die bekanntesten Beispiele.*

Es gab aber auch den gegenteiligen Fall. So hat beispielsweise in Bourges–Avaricum das spätlatènezeitliche oppidum *so wenig archäologisch fassbare Spuren hinterlassen, dass man ohne Caesars Bericht große Schwierigkeiten gehabt hätte, den historischen Ort zu identifizieren. Gerade in dieser Region sind viele* oppida *verschwunden, weil sie an Bedeutung verloren hatten. Allenfalls wurden sie von bescheidenen römischen* vici *abgelöst wie z. B. in Chateaumeillant–Mediolanum oder Saint Marcel–Argentomagus.*

Wieder anders verhält es sich im Westen Galliens, in Städten wie Angers, Poitiers, Angoulême oder Saintes. Hier wurden überhaupt keine oppida *entdeckt, obwohl sich die Topografie durchaus dafür geeignet hätte und anlässlich von Stadtgrabungen auch spätlatènezeitliche Funde gemacht wurden. In diesen Fällen sind die keltischen Spuren wahrscheinlich durch die kontinuierliche Bebauung bis heute vernichtet worden.*

Rechts des Rheins ist es nördlich der Alpen um das Erbe der oppida *schlecht bestellt. Weder in Süddeutschland noch in Tschechien oder im österreichischen Donautal haben sich* oppida-*zeitliche und nachfolgende römische oder »germanische« Kulturen lange genug berührt, um »oppida-Traditionen« bewahren zu können. Um 100 v. Chr. brach eine Unruhe aus, die ansteckend wirkte. In den folgenden zwei bis vier Jahrzehnten zersplitterte die* oppida-*Gesellschaft und löste sich allmählich auf. Dafür kann nicht eine einzelne Ursache verantwortlich gewesen sein; vielmehr muss es unterschiedliche Anlässe gegeben haben, die allerdings beim gegenwärtigen Forschungsstand nur in Form von Thesen oder Fragen formuliert werden können: War es der Durchzug der Kimbern um 110 v. Chr., der Südwestdeutschland erschütterte und die Menschen in die Ferne lockte? Brach in Manching eine Seuche aus, die eine Hysterie erzeugte und zu einer Abwanderung führte? Kam es in Böhmen zu einem solchen wirtschaftlichen Kollaps, dass die Bewohner die Heimat verließen?*

Man muss bis nach Budapest gehen, um hier in einer Gesellschaft, die lange Zeit etwas fern der Ereignisse gelebt hatte, die damals West- und Mitteleuropa erschütterten, überlebende vorrömische Traditionen zu finden. Mit »Kelten« haben diese freilich nichts zu tun.

LANGRES – die Stadt der Verräter
Region Champagne-Ardenne, Frankreich

Lange Zeit hatte Langres–*Andemantunnum* nur als Hauptort der Lingonen in römischer Zeit gegolten. Doch die Stadt war keine römische Gründung »auf der grünen Wiese«. Im Gegenteil, wie eine Überprüfung der archäologischen Daten bewies, hatte hier bereits zuvor ein *oppidum* existiert. Damit bestätigte sich die historische Überlieferung.

Die Lingonen werden bereits unter den Stämmen genannt, die im 4. Jh. v. Chr. an den »Keltenwanderungen« nach Italien beteiligt gewesen sind. Dann verschwinden sie aus den Quellen und tauchen erst in Caesars Kriegsbericht wieder auf. Ihr Land liegt nördlich der Mandubier (und deren Hauptort *Alesia*) im Quellgebiet von Marne und Maas. Die keltischen Lingonen waren kein sehr großer und bedeutender Stamm, verfolgten aber trotzdem eine erstaunlich eigenständige Politik. Sie erwiesen sich von Anfang an als Verbündete der Römer, nahmen 52 v. Chr. – als einer von nur drei Stämmen! – nicht an der Vollversammlung in *Bibracte* teil, auf der Vercingetorix gewählt wurde, und scheinen sich auch später nicht dem Aufstand angeschlossen zu haben (bell. Gall. VII,63,7).

Das *oppidum* hatten sie auf einem Plateau angelegt, das auf drei Seiten, im Norden (links im Bild),

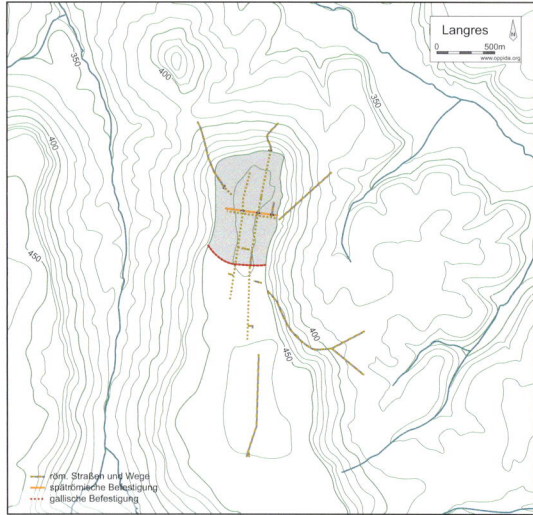

im Westen und Osten von Steilhängen geschützt wurde. Die Verbreitung der spätlatènezeitlichen Funde – insbesondere der Münzen und Amphoren (Typ Dressel 1) – spricht für eine Ausdehnung der Siedlung über 70 bis 80 ha. Allerdings ist unklar, wo die Mauer verlaufen ist, die das Plateau vom Hinterland abgeriegelt haben muss. Falls sie sich unter der mittelalterlichen Mauer des 14. Jh. verbirgt, würde sie die Innenfläche des *oppidum* auf 50 ha reduzieren. Diese widersprüchlichen Indizien könnte man aber damit erklären, dass das *oppidum* eine unbefestigte Vorstadt besessen hat, wie sie in jüngerer Zeit immer häufiger entdeckt worden ist. Dies und die Größe sprechen für eine respektable keltische Stadt.

Die Gründung der Stadt datiert spätestens um 120/100 v. Chr.; die Besiedlung des Plateaus dauerte ohne nennenswerte Unterbrechung bis heute an.

BESANÇON–*VESONTIO* – lebendiges Erbe
Region Franche-Comté, Frankreich

Eine der wichtigsten Verkehrsachsen in keltischer Zeit (und lange davor und danach) war die Wasserstraße von Rhône, Saône und Doubs, die in Marseille begann und in Basel endete (lediglich die letzten 60 km gingen über Land). Entsprechende Bedeutung besaß das 120 ha große *oppidum* von Besançon, das in einer Flussschleife des Doubs lag und eine einzigartige natürliche Befestigung besaß, die Caesar Bewunderung abrang: »Denn fast die ganze Stadt umschloss kreisförmig der Doubs, und an der Stelle, die der Flusslauf offen ließ und die nicht breiter als 500 m war, befand sich ein sehr hoher Berg, dessen Ausläufer auf jeder Seite an die Flussufer stießen. Eine Mauer umschloss ihn und machte ihn so zu einer Festung, die mit der Stadt verbunden war.« (bell. Gall. I,38,4). Von der keltischen Befestigung des Plateaus, das die Landbrücke verriegelt und die Flussschleife um gut 100 m überragt, ist heute allerdings nichts mehr zu sehen. Sie liegt unter einer Zitadelle, die Ludwig XIV im 17. Jh. von seinem Festungsbaumeister Vauban errichten ließ. Besançon–*Vesontio* war der Hauptort des mächtigen Stammes der Sequaner, den erbitterten Gegnern der benachbarten Haeduer.

Langres, Blick nach Osten. Die Abschnittsbefestigung des Mittelalters und vielleicht auch des *oppidum* im Süden des Plateaus zeichnet sich rechts im Bild als schnurgerader Straßenzug ab.

Besançon, Blick nach Südosten auf die Schleife des Doubs.

Trotz vereinzelter Entdeckungen im 19. Jh. konnten erst die Stadtkerngrabungen Ende der 1980er-Jahre sowie 2000 bis 2002 die Entwicklung des keltisch-römischen Besançon klären. Ältere Spuren existieren zwar, doch die Gründung der keltischen Stadt fand erst um 120/100 v. Chr. statt. Sie nahm die gesamte oder zumindest den größten Teil der Flussschleife ein.

Zunächst wurde die Uferböschung mit einer Mauer aus großen Kalksteinblöcken befestigt, doch bereits um 80 v. Chr. wurde diese Befestigung durch einen *murus gallicus* ersetzt, der zweifellos die gesamte Flussschleife einschloss. Die Mauer wies extrem dicht, im Abstand von nur 80 cm gesetzte Balken auf, die von besonders großen, bis zu 40 cm langen Nägeln zusammengehalten wurden. Im Unterschied zu den meisten *oppida*, deren Innenbebauung aus umzäunten hofartigen Parzellen bestand, war *Vesontio* mit rechteckigen, eng aneinandergereihten Häusern bebaut, die jeweils einen Keller besaßen.

Um die Mitte des 1. Jh. v. Chr. wurde das ganze *oppidum* umgebaut. Sämtliche Häuser wurden mit einer dicken Kiesschicht zugeschüttet; eine neue Stadt entstand nach einem neuen Bauplan und mit einem neuen Straßensystem, aber die traditionelle Holzbauweise wurde zunächst beibehalten. Erst um die Zeitenwende machte sich der römische Einfluss in der Architektur bemerkbar. Die römische Stadt entwickelte sich exakt an der Stelle des alten gallischen *oppidum*, und bis heute ist die Schleife des Doubs das Zentrum von Besançon.

BUDAPEST-GELLÉRTHEGY –
das kulturelle Gedächtnis
Ungarn

Im Zentrum des heutigen Budapest erhebt sich hoch und steil über dem rechten Donauufer der Gellérthegy (Gellért-Berg). Das schmale Gipfelplateau bot in frühgeschichtlicher Zeit wenig Fläche für eine Siedlung, die sich deshalb den südöstlichen Hang hinabzog, der teils natürlich, teils künstlich terrassiert wirkt. Im Nordosten zur Donau hin stürzt der Felsklotz so jäh ab, dass sich eine Befestigung erübrigte. Nur nach Westen fällt das Gelände Richtung Sashegy sanft ab. Wie alte Stiche und Karten zeigen, war im 18. Jh. tatsächlich auf der Nord-, West- und Südseite noch ein umlaufender Wall zu sehen, der etwa 27 ha einschloss. Spätestens beim Bau der Zitadelle 1851 bis 1854 dürfte er jedoch größtenteils zerstört worden sein.

In den Jahren 1935 bis 1936 wurde in der unbefestigten spätlatènezeitlichen Siedlung im Stadtteil Tábán am Nordfuß des Berges eine »Töpfersiedlung« freigelegt. Die reichen Funde lenkten das Interesse auch auf das Bergplateau, an dessen südöstlichem Hang 1938 bis 1939 ebenfalls Töpferöfen entdeckt wurden. Seitdem war man überzeugt davon, dass der Gellértberg ein *oppidum* und der Hauptort der Eravisker gewesen sei. In den 1940er-Jahren setzten sich die Untersuchungen fort, litten aber unter den Zerstörungen, denen das *oppidum* im Laufe der Jahrhunderte ausgesetzt gewesen war: nicht nur der natürlichen Erosion, sondern auch den Bodeneingriffen der Türken im 16. Jh., dem Weinbau im 18. Jh., dem Bau der Zitadelle im 19. Jh., den Schützengräben und Bombentrichtern des Zweiten Weltkrieges 1944 bis 1945. In zahlreichen Grabungsschnitten der 1980er-Jahre rund um den Berg ließ sich unter anderem auch

ein 80 m langer Wallstumpf im Nordwesthang identifizieren. Er wurde 1990 bis 1992 im Rahmen einer ungarisch-französischen Kooperation zwischen dem Historischen Museum der Stadt Budapest, der Eötvös Loránd Universität Budapest und dem Centre Archéologique Européen du Mont Beuvray untersucht.

In den Grabungen 1946 bis 1947 am Südosthang unterhalb der »Freiheitsstatue« fanden sich entlang der – natürlichen und künstlichen – Terrassen zahlreiche Gebäude. Es handelte sich sowohl um größere Pfostenbauten als auch um kleine Grubenhäuser. Mauern oder Steinfundamente, eine regelhafte Anordnung der Gebäude oder ein Wegesystem scheint es nicht gegeben zu haben, aber die beiden Letzteren wären in den vielen kleinen Schnitten wohl auch nicht erkannt worden. Werkstätten, Eisenschlacken, eine Gussform, Eisenwerkzeuge, Spinnwirtel, Mahl- und Wetzsteine sowie die erwähnten Töpferöfen belegen jedenfalls eine handwerklich dicht genutzte Zone. Die Töpfer profitierten von dem so genannten Kisceller Ton, der am Südfuß des Berges ansteht. Die Scherbe einer Amphore (Typ Dressel 1B) ist ein Hinweis auf überregionale Handelskontakte.

Dass auch auf dem Gellértberg oder in dessen unmittelbarem Umfeld eine spätlatènezeitliche Elite ansässig war, die von dem hier betriebenen Handwerk und Handel, insbesondere der Töpferei profitierte, verriet wie so oft am eindeutigsten die Befestigung. Direkt über einer spätbronzezeitlichen Mauer war eine erste 4 m breite Pfostenschlitzmauer mit senkrechter Rückfront (Typ Preist) errichtet worden. Sie brannte ab und wurde durch eine zweite Pfostenschlitzmauer mit Rampe ersetzt, die eine Gesamtbreite von 12 m besaß und ebenfalls starke Brandspuren aufwies. Bei diesen Bränden handelte es sich wohl wie so oft weder um Spuren eines feindlichen Überfalls noch eines Schadenfeuers, sondern um eine Maßnahme der Bewohner. Feuer war die einfachste und schnellste Methode, eine schadhaft gewordene Mauer abzutragen, was spätestens alle 20 bis 25 Jahre notwendig wurde, gleichgültig, ob es sich um einen *murus gallicus* oder eine Pfostenschlitzmauer handelte. Die dritte Bauperiode war leider zu schlecht erhalten, um etwas darüber sagen zu können.

Die bisher bekannten Fibeln von Gellérthegy-Tábán datieren in die Zeit zwischen 80 und 30 v. Chr., aber die wenigen Stücke müssen nicht zwingend das Ende des *oppidum* anzeigen. Entscheidender ist, dass hier keine römische Keramik zum Vorschein kam, ganz im Gegensatz zu dem Dorf Tábán, das noch bis weit in die Kaiserzeit hinein bewohnt blieb, allerdings nie in Stein umgebaut wurde. Unter Kaiser Augustus geriet der ungarische Donaulauf ins Visier der Römer, aber erst um die Mitte des 1. Jh. n. Chr. wurde die Pro-

Budapest-Gellérthegy, Blick nach Westen auf die Zitadelle des 19. Jh. Links unterhalb davon am halben Hang wurde ein Handwerkerviertel ausgegraben. In der Mitte des rechten Bildrandes ist soeben noch die moderne Bebauung des Tabán-Viertels zu sehen.

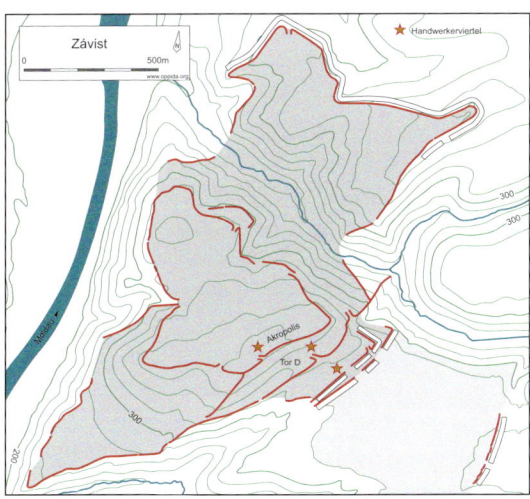

vinz Pannonien geschaffen. Um 70 n. Chr. entstand etwa 5 km oberhalb von Tabán auf dem rechten Flussufer an einer Furt das erste römische Lager in Budapest, der Vorläufer von *Aquincum*, dem späteren Legionslager mit Zivilsiedlung. Spätestens zu diesem Zeitpunkt dürfte auch Tabán aufgegeben worden sein.

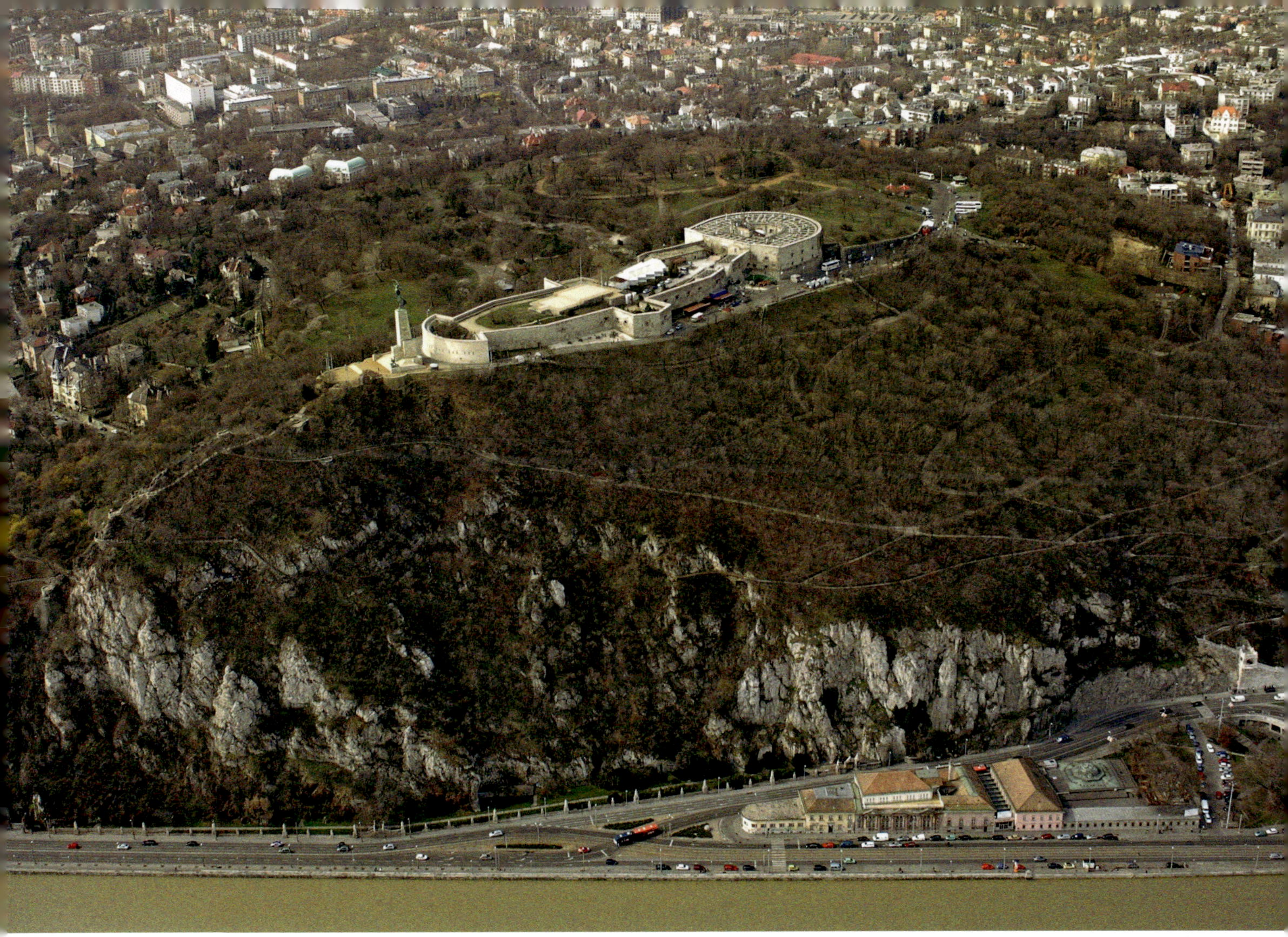

Wie so oft blieb von dem einstigen *oppidum* nur die Erinnerung an einen heiligen Ort, der auch in römischer Zeit seine Anziehungskraft behielt. Ein Altar, der im 3. Jh. n. Chr. von einem Priester der *civitas* der Eravisker gestiftet und auf dem Gellértberg aufgestellt worden war, ist ein anrührendes Beispiel für die Macht des kulturellen Gedächtnisses.

ZÁVIST – wirtschaftlicher Kollaps

Dolní Břežany, Region Mittelböhmen, Tschechien

Die Geschichte der böhmischen *oppida* ist auch eine Geschichte der Moldau. Die Moldau entspringt im Böhmerwald und durchfließt das Land in gerader Richtung von Süd nach Nord, wenn auch windungsreich, fast immer durch enge, tiefe Täler, begleitet von hohen Wäldern. Das hat sie in historischer Zeit für die Flößerei prädestiniert, die noch im 19. Jh. einen wichtigen Wirtschaftszweig bildete, aber nie für die Binnenschifffahrt. Zwar war die Moldau ab Budweis, also kurz hinter ihrem Austritt aus dem Gebirge, schiffbar, aber die steilen Hänge und schmalen Auen, die den Fluss bis Prag begleiten, verhinderten die Entstehung größerer Ortschaften, in denen sich eine Flussschifffahrt hätte etablieren können. Daher nutzte einer der berühmtesten mittelalterlichen Salzwege – von Salzburg nach Prag – nicht die Moldau, sondern führte über Land und über die Höhe. In prähistorischer Zeit kann das nicht anders gewesen sein.

Auch die vier *oppida*, die sich wie Perlen an der Schnur entlang der Moldau reihen – von Třisov im Süden, das noch im Gebirge lag, über Nevězice, wo der mittelalterliche Salzweg auf die Moldau stieß, über Hrazany, an dem dieser Weg das Ufer wechselte, bis Závist, wo sich das dicht besiedelte Prager Becken öffnete – verdankten ihre Entstehung nicht der Flussschifffahrt, sondern der Kontrolle über einen Landfernweg. Über diesen wurde in mindestens drei Fällen (Nevězice, Hrazany, Závist) Salz aus dem Bergwerk von Hallein (Land Salzburg) transportiert. Böhmen besaß keine eigenen Salzquellen und war daher immer auf Importe angewiesen. Was umgekehrt exportiert wurde, wissen wir nicht. Bekannt sind die böhmischen Goldvorkommen; laut mittelalterlicher Quellen käme unter anderem vor allem Getreide in Frage.

Ausschlaggebend für die endgültige Standortwahl eines *oppidum* war außer der einträglichen Lage am Fernweg (Pass, Furt, Kreuzung usw.) eine Bündelung von Ökonomie und Symbolik: die Verfügungsgewalt über Rohstoffe wie Graphit (Třisov), Gold (Nevězice, Závist) und Eisen (Hrazany, Závist) sowie über landwirtschaftliche Nutzflächen und – last not least – eine Topografie, so spektakulär wie möglich, die durch die Festungsarchitektur theatralisch in Szene gesetzt wurde.

Die Baugeschichte von Závist, dem vielleicht ältesten *oppidum* Böhmens, begann – vielleicht schon vor Mitte des 2. Jh. v. Chr. – mit einer ursprünglich etwa 150 m über der (heute aufgestauten) Moldau angelegten Befestigung auf dem rechten Ufer. Die ringförmige Pfostenschlitzmauer schloss am Anfang nur eine kleine Fläche von 35 ha ein, die an drei Seiten von unzugänglichen Steilhängen geschützt wurde. Bequemen Zugang gewährte ein breiter flacher Sattel im Südosten, den eine zusätzliche Mauer sperrte (Phase I). Durch diese führte in allen Bauphasen das Haupttor (D), von Anfang an ein eindrucksvolles Zangentor mit 30 m langer und 10 m breiter Gasse und einem zweistöckigen Torgebäude über der zweispurigen Durchfahrt. In Phase II wurde Tor D mit einem weiteren Befestigungsgürtel aus Mauer und Graben ergänzt. In Phase III vergrößerte sich das *oppidum* um eine »Unterburg« nach Süden und eine »Vorburg« nach Osten. Nachdem die Vorburgbefestigung wieder aufgegeben worden war (Phase IV), fand ein fünfter und letzter großer Umbau statt. Die Pfostenschlitzmauern wurden durch massive Erdwälle ersetzt, das einzige Beispiel rechts des Rheins für diese typisch nordfranzösische Befestigungstechnik (Typ Fécamp). Gleichzeitig wurde das *oppidum* nach Norden erweitert und

schloss nun zusammen mit dem gegenüberliegenden Hügel Šance und dem dazwischen liegenden Tal rund 118 ha ein (Phase V). Während Tal und Hügel mehr oder weniger unbewohnt blieben, fanden sich in der zentralen Befestigung und in der östlichen Vorburg die typischen hofartigen Parzellen, d.h. eingezäunte Wohn- und Wirtschaftseinheiten mit Häusern, Speichern, Ställen, Werkstätten und Zisternen, getrennt durch geschotterte (Fahr-)Straßen und unterbrochen durch öffentliche Plätze. Handwerkliche Tätigkeiten sind überall anzutreffen, doch ob und in welchem Umfang die Produktion (Schmuck, Geräte, Werkzeuge) auch in einen Regionalhandel in das Prager Becken geflossen ist, lässt sich nicht beurteilen.

Auf dem höchsten Punkt, der so genannten Akropolis, residierte ein »Herrenhof«, dessen Bewohner die religiöse und politische Elite repräsentierten. Das verrät nicht nur die prominente Lage ihres Hofes, sondern auch ein von den Ausgräbern als Kultbezirk interpretiertes Areal sowie ein exquisites Fundensemble, das Reiter und Waffenträger bezeugt, die Gold- und Silbermünzen prägen ließen und über den Salzfernweg Tauschbeziehungen pflegten, durch die sie sich und ihren Haushalt mit mediterranen Luxusartikeln ausstatten konnten.

In der letzten Bauphase fanden gesellschaftliche Veränderungen statt, die als Verfall gedeutet wurden – der Herrenhof wurde zweigeteilt, die Zahl der großen Gehöfte ging zurück, kleinere Häuser nahmen zu. Auch in Závist brannte zum Schluss ein Tor (A) ab, das nicht mehr instand gesetzt wurde; auch dieses *oppidum* wurde um 60 v. Chr. von seinen Bewohnern verlassen; auch hier ist eine feindliche Invasion nicht sehr wahrscheinlich. Vorstellbar wäre indessen ein radikaler wirtschaftlicher Niedergang.

Obwohl Závist durch seine Lage an der Grenze zum Prager Becken einen dicht besiedelten Absatzmarkt beherrschte, hing seine wirtschaftliche Existenz in erster Linie von dem funktionierenden Fernhandel ab; der Fernhandel seinerseits hing von ökonomischen und politischen Strukturen am Ausgangs- und Zielpunkt ab. So verlor beispielsweise der mittelalterliche Salzweg über den Böhmerwald nach über 500 Jahren intensiver Nutzung im 16. Jh. seine Bedeutung aufgrund eines politischen Machtwechsels, der in Pressburg stattfand. Aber warum hätte Hallein im 1. Jh. v. Chr. seine Salzlieferungen nach Böhmen einstellen sollen? Stattdessen ist ein anderes Szenario vorstellbar: Konkurrierenden Gruppen, nämlich mitteldeutschen »Germanen«, die seit etwa 80 v. Chr. in Böhmen einsickerten, sich hier niederließen und nachweislich mit den einheimischen »Kelten« Kontakt hatten, könnte es gelungen sein, auf einem wesentlich kürzeren und daher billigeren, im

Übrigen bequemeren Weg, der größtenteils über die Flussschifffahrt auf der Elbe lief, Salz aus Halle a. d. Saale (Sachsen-Anhalt) über Sachsen nach Böhmen zu bringen. Diese Konkurrenz könnte das Aus für das Salz aus dem Süden bedeutet haben, und als die Handelskette Hallein–Závist riss, zog sie alle, die daran hingen, mit ins Verderben. Eine solche Kettenreaktion könnte auch erklären, warum die böhmischen Großsiedlungen um 60 v. Chr. mehr oder weniger gleichzeitig verlassen wurden und den »Germanen« den Salzmarkt kampflos überließen.

Die Tatsache, dass auch die imposantesten Befestigungen verödeten, die einst mit ihren Mauern, Toren und Türmen geprahlt hatten, verdeutlicht die wirtschaftliche Anfälligkeit des monopolistischen *oppida*-Systems in Böhmen. Man hat sich oft gefragt, warum die »Germanen« nicht von den verlassenen Städten Besitz ergriffen haben. Aber warum hätten sie das tun sollen? Bezeichnenderweise war es nicht der Burgberg von Závist, der überlebte (sieht man einmal von zeitweiligen frühgeschichtlichen Intermezzi ab), sondern kleine, unbefestigte »germanische« Siedlungen am Fuße des Gebirges, umgeben von Ackerland, an einem schiffbaren Fluss, dessen Ufer genug Raum bot für die Entwicklung eines Handelsplatzes. Heute liegt hier Prag, eine Stadt mit 1,2 Millionen Einwohnern.

Závist, Blick nach Südosten, die Moldau aufwärts. Rechts die Häuser der Randbezirke von Prag.

Anhang

Zeittafel

Zeit v. Chr.	Archäologische Chronologiesysteme		Archäologische Epochen und Kulturen	
25/15 –				
	Lt D	D 2		spät
80 –		D 1		
150 –		C 2		
	Lt C		Späte Eisenzeit	mittel
200 –		C 1		Latène-Kultur
275 –		B 2		
325 –	Lt B	B 1		früh
375 –				
	Lt A			
475 –		D 3		
525 –		D 2		spät
	Ha D		Frühe Eisenzeit	Hallstatt-Kultur
550 –		D 1		
650 –				
	Ha C			früh
800 –				
900 –	Ha B			
1000 –			Späte Bronzezeit	Urnenfelder-Kultur
1100 –	HaA			
1200 –				
	Bz D			
1300 –				

© S. Rieckhoff

Fundortliste zur Karte (S. 6/7)

Lfd. Nr.	Ort	Lfd. Nr.	Ort
46	Acy-Romance	30	Kirchzarten
58	Alise-Sainte-Reine–*Alesia*	51	La Chaussée-Tirancourt
20	Altendorf	47	La Cheppe
31	Altenburg-Rheinau	41	Langres–*Andemantunnum*
4	Aquileia	62	Levroux
32	Basel	52	Liercourt-Erondelle
36	Bern-Engehalbinsel	15	Lovosice
18	Berching-Pollanten	16	Manching
39	Besançon–*Vesontio*	53	Mareuil-Caubert
9	Biskupin	45	Marseille
61	Bourges–*Avaricum*	33	Martberg
54	Bracquemont	60	Mont-Beuvray–*Bibracte*
43	Bragny-sur-Saône	59	Mont Lassois
1	Budapest-Gellérthegy	37	Mont Vully
44	Chalon-sur-Saône–*Cabillonum*	75	Murcens
64	Chateaumeillant–*Mediolanum*	7	Němčice
67	Corent	11	Nevězice
70	Crêt-Chatelard	56	Orléans–*Cenabum*
34	Donnersberg	49	Pommiers–*Noviodunum*
28	Dünsberg	74	Puy d'Issolud–*Uxellodunum*
19	Ehrenbürg	68	Roanne
73	Essalois	5	Roseldorf
55	Fécamp	63	Saint Marcel–*Argentomagus*
72	Feurs	38	Sévaz
23	Finsterlohr	21	Staffelberg
35	Fossé des Pandours	6	Staré Hradisko
65	Gergovie–*Gergovia*	22	Steinsburg
29	Glauberg	14	Stradonice
71	Goincet	2	Tihany
66	Gondole	40	Titelberg
26	Heidengraben	10	Třisov
27	Heuneburg	48	Variscourt/Condé-sur-Suippe
25	Hochdorf-Enz	3	Velem-Szentvid
8	Hostýn	42	Verdun-sur-le-Doubs
12	Hrazany	57	Vertault–*Vertillum*
24	Ipf	50	Villeneuve-Saint-Germain
69	Jœuvres	13	Závist
17	Kelheim		

Literatur zum Nach- und Weiterlesen

Allgemeine Literatur

Ausführliche Literaturangaben zu allgemeinen Themen finden sich in: S. Rieckhoff/J. Biel, Die Kelten in Deutschland (Stuttgart 2001) 507ff. Im Folgenden werden nur Überblickswerke genannt, die seit 2000 erschienen sind. Die für das Thema wichtige Veröffentlichung von D. Krausse (Hrsg), »Fürstensitze« und Zentralorte der frühen Kelten. Abschlusskolloquium des DFG-Schwerpunktprogramms 1171 in Stuttgart, 12.–15. Oktober 2009 (Stuttgart 2010) konnte leider nicht mehr berücksichtigt werden.

J. Biel/D. Krausse, Frühkeltische Fürstensitze. Älteste Städte und Herrschaftszentren nördlich der Alpen? Internationaler Workshop zur keltischen Archäologie in Eberdingen-Hochdorf 12. und 13. September 2003. Archäologische Informationen aus Baden-Württemberg 51 (Esslingen 2005).

P. Brun/P. Ruby, L'âge du Fer en France. Premières villes, premiers États celtiques (Paris 2008).

O. Buchsenschutz, Les Celtes (Paris 2007).

H.-U. Cain/S. Rieckhoff, fromm – fremd – barbarisch. Die Religion der Kelten (Mainz 2002).

J. Collis, The Celts. Origins, Myths, Inventions (Stroud 2003).

Das Rätsel der Kelten vom Glauberg. Glaube – Mythos – Wirklichkeit. Ausstellungskatalog Frankfurt a. M. (Stuttgart 2002).

Die Kelten. Fürsten, Krieger und Druiden. Auf den Spuren einer rätselhaften Kultur. GEO Epoche. Das Magazin für Geschichte Nr. 47 (Hamburg 2011).

C. Dobiat/S. Sievers/Th. Stöllner, Dürrnberg und Manching. Wirtschaftsarchäologie im ostkeltischen Raum. Akten des Internationalen Kolloquiums in Hallein/Bad Dürrnberg vom 7. bis 11. Oktober 1998 (Bonn 2002).

S. Fichtl, Les peuples gaulois. IIIe–Ier siècles av. J.-C. (Paris 2004).

S. Fichtl, La ville celtique. Les oppida de 150 av. J.-C. à 15 ap. J.-C. (Paris 2000) (Édition revue et augmentée Paris 2005).

S. Fichtl (dir.), *Murus celticus*. Architecture et fonctions des remparts de l'âge du Fer. Akten des Internationalen Kolloquiums in Glux-en-Glenne, 11.–12. Oktober 2006. Collection Bibracte 19 (Glux-en-Glenne 2010).

J. Fries-Knoblach, Die Kelten (Stuttgart 2002).

V. Guichard/S. Sievers/O.-H. Urban (dir.), Les processus d'urbanisation à l'âge du Fer. Actes du colloque organisé par Arbeitsgemeinschaft Eisenzeit bei den Deutschen Verbänden für Altertumsforschung. Le Centre archéologique européen du Mont Beuvray (Glux-en-Glenne, 8–11 juin 1998). Collection Bibracte 4 (Glux-en-Glenne 2000).

A. Haffner/S. von Schnurbein (Hrsg.), Kelten, Germanen, Römer im Mittelgebirgsraum zwischen Luxemburg und Thüringen. Akten des Internationalen Kolloquiums zum DFG-Schwerpunktprogramm »Romanisierung« in Trier vom 28. bis 30. September 1998. Kolloquien zur Vor- und Frühgeschichte 5 (Bonn 2000).

C. Haselgrove (dir.), Celtes et Gaulois – l'Archéologie face à l'Histoire. Les mutations de la fin de l'âge du Fer. Actes de la table ronde de Cambridge, 7–8 juillet 2005. Collection Bibracte 12/4 (Glux-en-Glenne 2006).

G. Kaenel/S. Martin-Kilcher/D. Wild (Hrsg.), Colloquium Turicense. Siedlungen, Baustrukturen und Funde im 1. Jh. v.Chr. zwischen oberer Donau und mittlerer Rhone, Kolloquium in Zürich, 17./18. Januar 2003. Cahiers d'Archéologie Romande 101 (Lausanne 2005).

Kelten am Rhein. Akten des dreizehnten Internationalen Keltologiekongresses 23. bis 27. Juli 2007 in Bonn. Erster Teil Archäologie. Beihefte der Bonner Jahrbücher 58, 1 (Mainz 2009).

S. Möller/W. Schlüter/S. Sievers, Keltische Einflüsse im nördlichen Mitteleuropa während der mittleren und jüngeren vorrömischen Eisenzeit. Akten des Internationalen Kolloquiums in Osnabrück vom 29. März bis 1. April 2006. Kolloquien zur Vor- und Frühgeschichte 9 (Bonn 2007).

F. Müller/G. Lüscher, Die Kelten in der Schweiz (Stuttgart 2004).

S. Rieckhoff/J. Biel, Die Kelten in Deutschland (Stuttgart 2001).

S. Rieckhoff, Wo sind sie geblieben? Zur archäologischen Evidenz der Kelten in Süddeutschland im 1. Jahrhundert v.Chr. In: H. Birkhan (Hrsg.), Kelten-Einfälle an der Donau. Akten des Vierten Symposiums deutschsprachiger Keltologinnen und Keltologen. Philologische – historische – archäologische Evidenzen. Linz/Donau, 17.–21. Juli 2005 (Wien 2007) 409–440.

S. Rieckhoff, Die Erfindung der Kelten. In: R. Karl/J. Leskovar (Hrsg.), Interpretierte Eisenzeiten. Fallstudien, Methoden, Theorie. Tagungsbericht der 2. Linzer Gespräche zur interpretativen Eisenzeitarchäologie. Studien zur Kulturgeschichte von Oberösterreich 19, 2006 (2007) 23–39.

S. Rieckhoff, Raumqualität, Raumgestaltung und Raumwahrnehmung im 2./1. Jahrhundert v. Chr. Ein anderer Zugang zu den ersten Städten nördlich der Alpen. In: P. Trebsche/N. Müller-Scheeßel/S. Reinhold (Hrsg.), Der gebaute Raum. Bausteine einer Architektursoziologie vormoderner Gesellschaften. Tübinger Taschenbücher 7 (Münster/New York/München/Berlin 2010) 274–306.

V. Salač, Zur Interpretation der Oppida in Böhmen und in Mitteleuropa. In: R. Karl/J. Leskovar (Hrsg.), Interpretierte Eisenzeiten. Fallstudien, Methoden, Theorie. Tagungsbericht der 3. Linzer Gespräche zur interpretativen Eisenzeitarchäologie. Studien zur Kulturgeschichte von Oberösterreich 22, 2009, 237–252.

V. Salač/J. Bemmann (Hrsg.), Mitteleuropa zur Zeit Marbods. Tagung Roztoky u Křivoklátu 4.–8. 12. 2006 anlässlich des 2000-jährigen Jubiläums des römischen Feldzuges gegen Marbod. 19. Internationales Symposium Grundprobleme der frühgeschichtlichen Entwicklung im mittleren Donauraum (Prag–Bonn 2009).

Literatur zu einzelnen Fundplätzen

Die hier für jeden Fundort in chronologischer Reihenfolge genannten Titel können nur eine kleine Auswahl darstellen. Diese möchte einerseits – sofern vorhanden – populärwissenschaftliche Veröffentlichungen anbieten, sowie andererseits möglichst aktuelle wissenschaftliche Literatur. Ein Verzeichnis aller oppida *mit Bildergalerie, Informationen über wichtige Ausgrabungsergebnisse und ausführlichen Literaturangaben bietet die Datenbank Bibracte: www.oppida.org.*

ALESIA

Ch. Goudineau/V. Guichard/M. Reddé/S. Sievers/H. Soulhol, Caesar und Vercingetorix (Mainz 2000).

M. Reddé/S. von Schnurbein (dir.), Alésia. Fouilles et recherches franco-allemandes sur les travaux militaires romains autour du Mont-Auxois (1991–1997). Mémoires de l'Académie des Inscriptions et Belles-Lettres (Paris 2001).

ALTENBURG-RHEINAU

F. Fischer in: S. Rieckhoff/J. Biel, Die Kelten in Deutschland (Stuttgart 2001) 280–283.

F. Fischer, Das Oppidum Altenburg-Rheinau und sein spätlatènezeitliches Umfeld. In: C.-M. Hüssen/W. Irlinger/W. Zanier, Spätlatènezeit und frühe römische Kaiserzeit zwischen Alpenrand und Donau. Akten des Kolloquiums in Ingolstadt 11.–12. Oktober 2001. Kolloquien zur Vor- und Frühgeschichte Bd. 8 (Bonn 2004) 123–131.

St. Schreyer, Das spätkeltische Doppel-Oppidum von Altenburg (D) – Rheinau ZH. In: G. Kaenel/St. Martin-Kilcher/D. Wild (Hrsg.), Colloquium Turicense. Siedlungen, Baustrukturen und Funde im 1. Jh. v. Chr. zwischen oberer Donau und mittlerer Rhone (Kolloquium Zürich 17./18. Januar 2003). Cahiers d'Archéologie Romande 101 (Lausanne 2005) 137–154.

A. Bräuning u. a. (Hrsg.), Kelten an Hoch- und Oberrhein. Führer zu archäologischen Denkmälern in Baden-Württemberg 24 (Esslingen 2005) 72–78.

N. Hasler u. a. (Hrsg.), Bevor die Römer kamen. Späte Kelten am Bodensee. Ausstellungskatalog Frauenfeld – Bregenz – Konstanz – Vaduz (Sulgen 2008) 40–47.

BERN-ENGEHALBINSEL

F. Müller, Der Massenfund von der Tiefenau bei Bern. Antiqua 20 (Basel 1990).

R. Fellmann, Das Zink-Täfelchen vom Thormebodewald auf der Engehalbinsel bei Bern und seine keltische Inschrift. Archaeologie im Kanton Bern 4B (Bern 1999) 133–175.

BESANÇON

Ph. Barral/L. Vaxelaire, Besançon – de l'oppidum à la ville antique. La naissance de la ville dans l'Antiquité (Paris 2003).

L. Vaxelaire, L'oppidum de Besançon: fouilles récentes (1999–2002). In: S. Fichtl (dir.), Les oppida du Nord-Est de la Gaule à La Tène finale. Archaeologia Mosellana 5, 2003, 187–198.

BIBRACTE

F. Meylan, Organisation urbaine et structures artisanales sur l'*oppidum* de Bibracte. In: S. Fichtl (dir.), Les oppida du Nord-Est de la Gaule à La Tène finale. Archaeologia Mosellana 5, 2003, 223–236.

D. Paunier/Th. Luginbühl (dir.), Bibracte. Le site de la maison 1 du Parc aux Chevaux (PC 1) des origines de l'oppidum au règne de Tibère. Collection Bibracte 8 (Glux-en-Glenne 2004).

M. Szabó/L. Timár/D. Szabó, La basilique de Bibracte – Un témoignage précoce de l'architecture romaine en Gaule centrale. Archäologisches Korrespondenzblatt 37, 2007, 389–408.

L. Dhennequin/J.-P. Guillaumet/M. Szabó (Hrsg.), L'Oppidum de Bibracte (Mont Beuvray, France). Bilan de 10 années de recherches (1996–2005). Acta Archaeologica Academiae Scientiarum Hungaricae 59, 2008, 1–152.

F. Bessière/V. Guichard (dir.), Chronique des recherches sur le Mont Beuvray 2006–2008. Revue Archéologique de l'Est 59, 2010, 211–239.

BISKUPIN

Z. Rajewski/R. Grenz, Biskupin. Römisch-Germanische Altertumskunde Bd. 2 (Berlin/New York 1978) 46–50.

J. Glosik, Biskupin (Warschau 1991).

K. Goldmann (Hrsg.), Biskupin – ein polnisches Pompeji. Eine Ausstellung des Państwowe Muzeum Archeologiczne Warszawa (Staatliches Archäologisches Museum Warschau) (Berlin 1985).

D. Piotrowska, Biskupin 1933–1996: archaeology, politics and nationalism. Archaeologia Polona 35/36, 1997/98, 255–285.

BOURGES

A. Filippini/B. Pescher, Découverte d'une zone de production de fibules à timbales à Bourges »Port-Sec sud« (dép. Cher). Archäologisches Korrespondenzblatt 39, 2009, 77–93.

L. Augier/O. Buchsenschutz/I. Ralston, Un complex princier de l'âge du Fer. L'habitat du promontoire de Bourges (Cher) (IVe–IVe s. av. J.-C.) (Bourges-Tours 2007).

BRACQUEMONT

M. Wheeler/M. Richardson, Hillforts of Northern France. Society of Antiquaries (London 1957) 123–125.

C. Beurion, Bracquemont. In: X. Delestre (dir.), Bilan Scientifique Haute-Normandie (1996) 58–60.

C. Beurion/Th. Dechezleprêtre, Les sites fortifiés de hauteur de l'âge du Fer en Haute-Normandie. Actes de la table ronde archéologique de Dieppe 17 et 18 septembre 1996. Proximus 2, 1996, 37–56.

BUDAPEST-GELLÉRTHEGY

E. Bónis, Die spätkeltische Siedlung Gellérthegy-Tabán in Budapest. Archaeologia Hungarica XLVII (Budapest 1969).

G. Novaki/M. Petö, Neue Forschungen im spätkeltischen Oppidum auf dem Gellértberg. Acta Archaeologica Academiae Scientiarum Hungaricae XX, 1988, 83–99.

Ph. Barral, Les recherches franco-hongroises sur l'*oppidum* de Gellérthegy-Tabán à Budapest. In: J.-P. Guillaumet (dir.), Dix ans de coopération franco-hongroise en archéologie 1988–1998. Actes de la table ronde tenue du 3 au 5 juin au Collegium Budapest (Budapest 2000) 37–50.

M. Petö, The excavation of the Gellérthegy oppidum's southern fortress wall (1993–1997). Budapest Régiségei 31, 2002, 125–133.

CORENT

M. Poux u. a., L'enclos cultuel de Corent (Puy-de-Dôme). Festins et rites collectifs. Revue Archéologique du Centre de la France 41, 2002, 57–110.

M. Poux, Blutige Opfer und Weinspenden in Gallien am Beispiel des spätkeltisch-römischen Heiligtums von Corent (Frankreich). In: S. Groh/H. Sedlmayer(Hrsg.), Blut und Wein. Keltisch-römische Kultpraktiken. Akten des Kolloquiums am Frauenberg bei Leibnitz (A) im Mai 2006 (Montagnac 2007) 11–34.

DONNERSBERG

H. Bernhard in: S. Rieckhoff/J. Biel, Die Kelten in Deutschland (Stuttgart 2001) 320–323.

A. Zeeb-Lanz, Der Donnersberg. Eine bedeutende spätkeltische Stadtanlage. Archäologische Denkmäler in der Pfalz 2 (Speyer 2008).

DÜNSBERG

F.-R. Herrmann in: S. Rieckhoff / J. Biel, Die Kelten in Deutschland (Stuttgart 2001) 301–304.

K.-F. Rittershofer, Vortrag zur Jahressitzung 2004 der Römisch-Germanischen Kommission. Ausgrabungen 1999–2003 am keltischen Oppidum auf dem Dünsberg. Bericht der Römisch-Germanischen Kommission 85, 2004, 7–36.

J. Schulze-Forster, Die Burgen der Mittelgebirgszone. Eisenzeitliche Fluchtburgen, befestigte Siedlungen, Zentralorte oder Kultplätze? In: S. Möllers/B. Zehm (Hrsg.), Rätsel Schnippenburg. Sagenhafte Funde aus der Keltenzeit (Bonn 2007) 109–144.

EHRENBÜRG

B.-U. Abels in: S. Rieckhoff/J. Biel, Die Kelten in Deutschland (Stuttgart 2001) 399–402.

B.-U. Abels/J. Fassbinder, Magnetometermessungen zur Kartierung der vorgeschichtlichen Befunde auf der Ehrenbürg. Das archäologische Jahr in Bayern 2002 (2003) 55–57.

B.-U. Abels, Neue Grabungen auf der Ehrenbürg bei Schlaifhausen. Das archäologische Jahr in Bayern 2005 (2006) 51–52.

Ch. Pare, Zu den Großbefestigungen des 5. Jahrhunderts v. Chr. zwischen Mittelrhein-Mosel und Böhmen. In: Beiträge zur Hallstatt- und Latènezeit in Nordostbayern und Thüringen. Tagung vom 26.–28. Oktober 2007 in Nürnberg. Beiträge zur Vorgeschichte Nordostbayerns 7 (Nürnberg 2009) 67–86.

FINSTERLOHR

H. Zürn, Grabungen im Oppidum von Finsterlohr. Fundberichte aus Baden-Württemberg 3, 1977, 231–264.

J. Fries-Knoblach, Gerätschaften, Verfahren und Bedeutung der eisenzeitlichen Salzsiederei in Mittel- und Nordwesteuropa. In: S. Rieckhoff/W.-R. Teegen, Leipziger Forschungen zur Ur- und Frühgeschichtlichen Archäologie 2 (Leipzig 2001).

C. Oeftiger in: S. Rieckhoff/J. Biel, Die Kelten in Deutschland (Stuttgart 2001) 318–319.

M. Schußmann, Einige Überlegungen zu den spätkeltischen Refugia in Süddeutschland. In: H. Birkhan (Hrsg.), Kelten-Einfälle an der Donau. Akten des Vierten Symposiums deutschsprachiger Keltologinnen und Keltologen. Philologische – historische – archäologische Evidenzen. Linz/Donau, 17.–21. Juli 2005 (Wien 2007) 481–494.

GERGOVIA

V. Guichard u. a., 302-La Roche-Blanche. In: Provost/C. Mennessier-Jouannet (dir.), Le Puy-de-Dôme. Carte archéologique de la Gaule 63/2 (Paris 1994) 266–291.

Ch. Goudineau/V. Guichard/M. Reddé/S. Sievers/H. Soulhol, Caesar und Vercingetorix (Mainz 2000).

HEIDENGRABEN

F. Fischer in: S. Rieckhoff/J. Biel, Die Kelten in Deutschland (Stuttgart 2001) 351–353.

Th. Knopf, Der Heidengraben bei Grabenstetten. Archäologische Untersuchungen zur Besiedlungsgeschichte. Universitätsforschungen zur Prähistorischen Archäologie 141 (Bonn 2006).

G. Stegmaier, Stadt – Land – Fluss: Überlegungen zum Wirtschafts- und Besiedlungsgefüge des spätkeltischen Oppidums Heidengraben und seines weiteren Umlands. In: R. Karl/J. Leskovar (Hrsg.), Interpretierte Eisenzeiten. Fallstudien, Methoden, Theorie. Tagungsbericht der 3. Linzer Gespräche zur interpretativen Eisenzeitarchäologie. Studien zur Kulturgeschichte von Oberösterreich 22, 2009, 253–264.

HEUNEBURG

W. Kimmig, Die Heuneburg an der oberen Donau. Führer zu archäologischen Denkmälern in Baden-Württemberg 1 (2. Auflage, Stuttgart 1983).

H. Reim in: S. Rieckhoff/J. Biel, Die Kelten in Deutschland (Stuttgart 2001) 362–370.

D. Krausse (Hrsg.), Frühe Zentralisierungs- und Urbanisierungsprozesse. Zur Genese und Entwicklung frühkeltischer Fürstensitze und ihres territorialen Umlandes. Kolloquium des DFG-Schwerpunktprogramms 1171 in Blaubeuren, 9.–11. Oktober 2006 (Stuttgart 2008) 163–228.

HRAZANY

L. Jansová, Hrazany. Das keltische Oppidum in Böhmen Bd. I–III (Prag 1986, 1988, 1992).

P. Drda/A. Rybová, Les Celtes de Bohème (Paris 1995).

P. Drda/A. Rybová, Keltská oppida v centru Boiohaema. Die keltischen Oppida im Zentrum Boiohaemums. Památky archeologické 88, 1997, 65–123.

IPF

R. Krause, Vom Ipf zum Goldberg. Archäologische Wanderungen am Westrand des Rieses. Führer zu archäologischen Denkmälern in Baden-Württemberg 16 (Stuttgart 1992).

R. Krause/E. Böhr/M. Guggisberg, Neue Forschungen zum frühkeltischen Fürstensitz auf dem Ipf bei Bopfingen, Ostalbkreis (Baden-Württemberg). Prähistorische Zeitschrift 80, 2005, 190–235.

D. Krausse (Hrsg.), Frühe Zentralisierungs- und Urbanisierungsprozesse. Zur Genese und Entwicklung frühkeltischer Fürstensitze und ihres territorialen Umlandes. Kolloquium des DFG-Schwerpunktprogramms 1171 in Blaubeuren, 9.–11. Oktober 2006 (Stuttgart 2008) 249–280.

JŒUVRES

R. Périchon, Fouilles récentes sur l'oppidum de Jœuvres. La Diana 35, 1958, 279–293.

M. Vaginay, Les oppida de la Loire. Jœuvres et le Crêt-Châtelard: recherches récentes. Cahiers Archéologiques de la Loire 6, 1986, 47–67.

M.-O. Lavendhomme, La Loire. Carte Archéologique de la Gaule 42 (Paris 1997) 305.

KELHEIM

S. Rieckhoff/W. Torbrügge (Hrsg.), Regensburg–Kelheim–Straubing. Teil II: Archäologische und historische Denkmäler – Exkursionen I–III. Führer zu archäologischen Denkmälern in Deutschland 6 (Stuttgart 1984) 54–75; 136–148.

Th. Knopf/M. Leicht/S. Sievers, Die großen süddeutschen Oppida Heidengraben, Manching und Kelheim. In: V. Guichard/S. Sievers/O.-H. Urban (dir.), Les processus d'urbanisation à l'âge du Fer. Collection Bibracte 4 (Glux-en-Glenne 2000) 215–220.

M. M. Rind in: S. Rieckhoff/J. Biel, Die Kelten in Deutschland (Stuttgart 2001) 390–395.

M. Leicht, Die Wallanlagen des Oppidums Alkimoennis/Kelheim. Zur Baugeschichte und Typisierung spätkeltischer Befestigungen (Rahden/Westfalen 2000).

LA CHAUSSÉE-TIRANCOURT

J.-L. Brunaux/S. Fichtl/Ch. Marchand, Die Ausgrabungen am Haupttor des »Camp César« bei La Chaussée-Tirancourt (Dépt. Somme, Frankreich). Saalburg Jahrbuch 45, 1990, 5–45.

LA CHEPPE

M. Chossenot, Recherches sur La Tène moyenne et finale en Champagne. Mémoires de la Société Archéologique Champenoise 12, 1997, 71–77.

LANGRES

Ph. Barral, Langres à l'âge du Fer. In: M. Joly, Langres. Carte Archéologique de la Gaule 52/2 (Paris 2001) 27–32.

MANCHING

S. Sievers in: S. Rieckhoff/J. Biel, Die Kelten in Deutschland (Stuttgart 2001) 418–421.

S. Sievers, Manching – die Keltenstadt. Führer zu archäologischen Denkmälern in Bayern. Oberbayern 3 (Stuttgart 2003).

W. David, Gunst und »Fluch« einer vorzüglichen verkehrs- und wirtschaftsgeographischen Lage. Das keltische Oppidum von Manching und seine Erhaltung als einzigartiges Bodendenkmal. In: I. Benková/V. Guichard, Gestion et présentation des oppida. Un panorama européen. Actes de la table ronde organisée par l'ÚAPPSČ. Collection Bibracte 15 (Glux-en-Glenne 2008) 85–110.

S. Sievers, Zur Architektur der keltischen Oppida: zwischen Tradition und Innovation. In: P. Trebsche/N. Müller-Scheeßel/S. Reinhold (Hrsg.), Der gebaute Raum. Bausteine einer Architektursoziologie vormoderner Gesellschaften. Tübinger Taschenbücher 7 (Münster/New York/München/Berlin 2010) 307–324.

MARTBERG

M. Thoma, Heiligtum und Siedlung – Zur Entwicklung des gallo-römischen Kultbezirks und der spätkeltischen Siedlung auf dem Martberg bei Pommern a.d. Mosel, Kr. Cochem-Zell. Trierer Zeitschrift 67/68, 2004/2005, 67–91.

M. Thoma, Die spätkeltische Besiedlung des Martberges bei Pommern an der Mosel, Kr. Cochem-Zell. Vorbericht zur Ausgrabung 2005. Berichte zur Archäologie an Mittelrhein und Mosel 11 (Koblenz 2006) 77–91.

C. Nickel/M. Thoma/D. Wigg-Wolf, Martberg. Heiligtum und Oppidum der Treverer. I Der Kultbezirk. Die Grabungen 1994–2004. Berichte zur Archäologie an Mittelrhein und Mosel 14 (Koblenz 2008).

MONT LASSOIS

D. Krausse (Hrsg.), Frühe Zentralisierungs- und Urbanisierungsprozesse. Zur Genese und Entwicklung frühkeltischer Fürstensitze und ihres territorialen Umlandes. Kolloquium des DFG-Schwerpunktprogramms 1171 in Blaubeuren, 9.–11. Oktober 2006 (Stuttgart 2008) 9–26.

MONT VULLY

G. Kaenel/Ph. Curdy/F. Carrard, L'oppidum du Mont Vully. Un bilan des recherches 1987–2003. Archéologie fribourgeoise/Freiburger Archäologie 20 (Fribourg 2004).

MURCENS

O. Buchsenschutz/G. Mercadier, Recherche sur l'oppidum Murcens-Cras (Lot): premiers résultats. Aquitania 7, 1989, 25–51.

STAFFELBERG

B.-U. Abels, Der Staffelberg. Die Geschichte einer befestigten Höhensiedlung. In: H. Dannheimer/R. Gebhard (Hrsg.), Das keltische Jahrtausend. Ausstellungskatalog Rosenheim (Mainz 1993) 94–101.

B.-U. Abels in: S. Rieckhoff/J. Biel, Die Kelten in Deutschland (Stuttgart 2001) 466–469.

STARÉ HRADISKO

M. Čižmář, Erforschung des keltischen Oppidums Staré Hradisko in den Jahren 1983–1988 (Mähren, ČSSR). Archäologisches Korrespondenzblatt 19, 1989, 265–268.

M. Čižmář, Ökonomische Struktur des Oppidums Staré Hradisko. In: C. Dobiat/S. Sievers/Th. Stöllner, Dürrnberg und Manching. Wirtschaftsarchäologie im ostkeltischen Raum. Akten des Internationalen Kolloquiums in Hallein/Bad Dürrnberg vom 7. bis 11. Oktober 1998 (Bonn 2002) 297–313.

A. Danielisová, Die Oppida von Staré Hradisko und České Lhotice – neue Methoden und Erkenntnisse. Alt-Thüringen 38, 2005, 301–310.

T. Bochnak/P. Goláňová, La porte de Moravie: Un point obligé sur la »route de l'ambre«. In: J.-P. Le Bihan/J.-P. Guillaumet (dir.), Routes du monde et passages obligés. Actes du colloque international d'Ouessant (27 et 28 septembre 2007). Centre de recherche archéologique du Finistère (Quimper 2007) 161–180.

STEINSBURG

Th. Grasselt/W. Büttner in: S. Rieckhoff/J. Biel, Die Kelten in Deutschland (Stuttgart 2001) 454–457.

K. Peschel, Die Steinsburg bei Römhild am Rande des nördlichen Mittelgebirgsraumes während der jüngeren vorrömischen Eisenzeit. Alt-Thüringen 38, 2005 (2006) 7–30.

R. Spehr, Zur Niederlegung von Waffen und Werkzeugen im Steinsburg-Oppidum bei Römhild. In: S. Möller / W. Schlüter/S. Sievers, Keltische Einflüsse im nördlichen Mitteleuropa während der mittleren und jüngeren vorrömischen Eisenzeit. Akten des Internationalen Kolloquiums in Osnabrück vom 29. März bis 1. April 2006. Kolloquien zur Vor- und Frühgeschichte 9 (Bonn 2007) 185–210.

STRADONICE

J. L. Pič, Le Hradischt de Stradonitz en Bohême. Ouvrage traduit du tchèque par J. Déchelette (Leipzig 1906).

A. Rybová/P. Drda, Hradiště by Stradonice. Rebirth of a Celtic oppidum (Prag 1994).

TIHANY

E. Marton/J. Regenye, A Fortified Site from Late Bronze-Late Iron Age at Lake Balaton in Tihany-Óvár: A Rescue Excavation in Hungary, May 2000. In: A. Cahen-Delhaye (dir.), Âge du Fer en Europe. Sessions génerales et posters. Actes du XIVème Congrès UISPP, Université de Liège, Belgique, 2–8 septembre 2001. British Archaeological Reports. International Series 1378 (Oxford 2005) 45–52.

TITELBERG

J. Metzler, Das treverische Oppidum auf dem Titelberg. Zur Kontinuität zwischen der spätkeltischen und der frührömischen Zeit in Nord-Gallien (Luxemburg 1995).

J. Metzler u.a. (Hrsg.), Lamadelaine – une nécropole de l'oppidum du Titelberg (Luxemburg 1999).

J. Metzler, Religion et politique. L'*oppidum* trévire du Titelberg. In: Ch. Goudineau (dir.), Religion et société en Gaule (Paris 2006) 191–202.

VELEM-SZENTVID

K. Miske, Die prähistorische Ansiedlung Velem St. Vid. Bd. I Beschreibung der Raubbaufunde (Wien 1908).

Ph. Barral/C.-A. Parette/M. Szabó, Recherches récentes sur les oppida celtiques en Pannonie (fouilles franco-hongroises à Velem-Szent-Vid et Budapest-Gellérthegy). In: E. Jerem (Hrsg.), Die Kelten in den Alpen und an der Donau. Akten des Internationalen Symposiums St. Pölten 14.–18. Oktober 1992 (Budapest/Wien 1994) 415–431.

J.-P. Guillaumet/M. Szabó/Z. Czajlik, Bilan des recherches franco-hongroises à Velem-Szentvid (1988–1994). Savaria 24, 1999, 383–408.

ZÁVIST

P. Drda/A. Rybová, Oppidum Závist – Tore und Wege in seiner Geschichte. Památky archeologické 84, 1993, 49–67.

P. Drda/A. Rybová, Les Celtes de Bohème (Paris 1995).

P. Drda/A. Rybová, Keltská oppida v centru Boiohaema. Die keltischen Oppida im Zentrum Boiohaemums. Památky archeologické 88, 1997, 65–123.

V. Salač, Zentren in der Peripherie. In: H. Friesinger /A. Stuppner (Hrsg.), Zentrum und Peripherie – gesellschaftliche Phänomene in der Frühgeschichte. Mitteilungen des 13. Internationalen Symposiums »Grundprobleme der frühgeschichtlichen Entwicklung im mittleren Donautal.« (Wien 2004) 291–301.

Touristische Hinweise

Die Ortsangaben setzen sich folgendermaßen zusammen:

1. Zeile: Name, unter dem der Fundort in der Forschung bekannt ist;

2. Zeile: 1. Flurname oder antiker Name; 2. Gemeinde bzw. kleinste Verwaltungseinheit; 3. Kreis (Bezirk, Département, Distrikt, Komitat); 4. Bundesland bzw. Region (Kanton); 5. Land.

ALESIA

»Mont-Auxois«, Alise-Sainte-Reine, dép. Côte-d'Or, Region Burgund (F)

Alesia ist eine der bekanntesten archäologischen Fundstätten Frankreichs, ein historischer Ort, an dem die Freiheit der Gallier endete und die Geschichte der römischen Provinz begann. Zur Erinnerung an das Jahr 52 v. Chr. ließ Napoleon III. an der Südwestspitze des *oppidum* 1865 von Aimé Millet (1819–1891) ein Denkmal für Vercingetorix errichten, eine 7 m hohe Bronzestatue (die Napoleons Gesichtszüge trägt) auf einem 7 m hohen Sockel. Die Inschrift, deren Worte nicht von Caesar stammen, sondern die der Kaiser Vercingetorix in den Mund gelegt hat, lautet: »La Gaule unie/formant une seule nation/animée d'un même esprit/peut défier l'Univers« – »Ein vereintes Gallien/das eine Nation bildet/die vom selben Geist beseelt ist/kann der ganzen Welt trotzen«. Da von dem gallischen *oppidum Alesia* nicht mehr viel und von den römischen Befestigungslinien obertägig gar nichts erhalten ist, erschloss sich die historische Rolle *Alesias* bisher nur Fachleuten. Das wird sich nun ändern, wenn 2011 der »MuséoParc Alésia« eröffnet wird, der größte archäologische Park Europas. Das ambitionierte Projekt hat zwei Schwerpunkte. Am Eingang zum Park, etwa 2 km vom *oppidum* entfernt in der Ebene, liegt das »Interpretationszentrum«. Im Innenraum wird die Geschichte der Belagerung in multimedialer 3D-Technik so plastisch vermittelt, dass sich der Besucher unversehens selbst im Schlachtgetümmel wähnt; im Außengelände ist erstmals eine auf den Ausgrabungsergebnissen basierende, ca. 100 m lange Rekonstruktion des römischen Belagerungswerkes zu sehen. Den zweiten Schwerpunkt bildet das neue »Museum Alésia« am Eingang zum *oppidum* mit dem Ausgrabungsgelände, in dem die Ruinen der römischen Kleinstadt *Alesia* besichtigt werden können. Das Museum, das die Geschichte *Alesias* von gallischer bis in frühchristliche Zeit präsentiert, ist als Aussichtspunkt konzipiert, der einen weiten Blick über die einst von Caesar besetzte Ebene ermöglicht. Im Anschluss an die Museumsbesuche können die Besucher auf verschiedenen Wegen – zu Fuß, mit dem Fahrrad oder sogar auf dem Pferderücken – allein, mit Audioguide oder bei einer Führung die römischen Belagerungslinien erkunden.

Informationen
SEM Alésia
25 bis, rue du Rochon
F – 21150 Alise-Sainte-Reine
Tel. 0033 (0)3 80 96 96 23
www.alesia.com

ALTENBURG-RHEINAU

Gem. Jestetten, Kr. Waldshut, Baden-Württemberg (D);
Gem. Rheinau, Bezirk Andelfingen, Kanton Zürich (CH)

Die Nationale Informationsstelle für Kulturgüter-Erhaltung (NIKE) setzt sich für den Erhalt von Kulturgütern in der Schweiz ein und bietet u. a. geführte Wanderungen in der Rheinschleife von Altenburg-Rheinau an. Ein Stück der Pfostenschlitzmauer von Altenburg wurde im Gelände rekonstruiert.

Informationen
www.nike-kultur.ch
www.prehist.unizh.ch

BERN-ENGEHALBINSEL

Stadt Bern, Kanton Bern (CH)

Über die Halbinsel führt ein 8 km langer, beschilderter archäologischer Wanderweg und Naturlehrpfad. Stellenweise sind noch Reste des Walles erkennbar. Originalfunde können im »Historischen Museum Bern« besichtigt werden.

Museum
Historisches Museum Bern
Helvetiaplatz 5
CH – 3005 Bern
Tel. 0041 (0)31 350 77 11
Fax 0041 (0)31 350 77 99

Informationen
www.berninfo.com

BESANÇON

Vesontio, dép. Doubs, Region Franche-Comté (F)

Das *oppidum* Besançon ist unter der modernen Stadt begraben und nicht mehr sichtbar. Im »Musée des Beaux-

Arts et d'Archéologie« werden aber Funde aus der keltischen Stadt präsentiert. Darüber hinaus umfasst die archäologische Sammlung Exponate aus der Region von der Vorgeschichte bis ins Mittelalter, aus dem Mittelmeerraum und Ägypten. Führungen, auch für Schüler, und Begleitbücher werden angeboten. Öffnungszeiten: täglich außer dienstags.

Museum

Musée des Beaux-Arts et d'Archéologie
1, place de la Révolution
F – 25000 Besançon
Tel. 0033 (0)3 81 87 80 49

Informationen

musee-beaux-arts-archeologie@besancon.fr
www.musee-arts-besancon.org

BIBRACTE

»Mont Beuvray«, Glux-en-Glenne/Saint-Léger-sous-Beuvray, dép. Nièvre/dép. Saône-et-Loire, Region Burgund (F)

Das *oppidum Bibracte* auf dem Mont-Beuvray ist das ganze Jahr hindurch frei zugänglich. Von Juni bis September finden Ausgrabungen von mehreren europäischen Universitäten statt, bei denen man den Archäologen sozusagen über die Schulter schauen kann. Mehrere Grabungsbereiche sind konserviert, rekonstruiert und mit Schautafeln erläutert, u.a.: 1. Haupttor »Porte du Rebout« mit Rekonstruktion des *murus gallicus*; 2. entlang der Hauptstraße Gebäude des Handwerkerviertels; 3. Hauptstraße mit großem Wasserbecken; 4. im Zentrum der »Pâture du Couvent« Ausgrabungen rund um die Basilika; 5. Brunnenhaus Saint-Pierre; 6. »Parc aux Chevaux«, Wohnhaus in italischem Stil. Führungen für Einzelpersonen sind vom 14. März bis 15. November zu unterschiedlichen Zeiten, Gruppenführungen nach Voranmeldungen das ganze Jahr über möglich.

Museum

Das »Musée de la civilisation celtique« liegt am Fuße des Mont Beuvray und präsentiert auf anschauliche Weise keltische Kultur im Allgemeinen und die Ausgrabungsergebnisse in *Bibracte* im Besonderen. Jedes Jahr finden zusätzlich eine Sonderausstellung zu einem ausgewählten Thema sowie verschiedene Open-Air-Veranstaltungen statt. Für Schüler gibt es ein spezielles pädagogisches Programm. Öffnungszeiten: 14. März bis 15. November täglich 10–17 Uhr; 16. Juni bis 13. September bis 19 Uhr.

Forschungszentrum

Zu dem Komplex *Bibracte* gehört auch das »Centre archéologique européen (CAE)« in Glux-en-Glenne, ein internationales Forschungszentrum. Es beherbergt Arbeitsräume, Magazine, eine Restaurierungswerkstatt, Datenbanken und eine Spezialbibliothek zur europäischen Eisenzeit und speziell zur Geschichte und Archäologie der Kelten, die Wissenschaftlern und Studierenden ideale Arbeitsbedingungen bietet. Das CAE veranstaltet laufend internationale Tagungen und gibt eine eigene Publikationsreihe heraus. Öffnungszeiten: ganzjährig Montag bis Freitag 10–12 und 14–17 Uhr.

Informationen

Bibracte EPCC
Centre archéologique européen
F – 58370 Glux-en-Glenne
Tel. 0033 (0)3 86 78 69 00
Fax 0033 (0)3 86 78 65 70
Auskunft über Führungstermine im Museum:
0033 (0)3 85 86 52 35.
info@bibracte.fr
www.bibracte.fr
www.oppida.org

BISKUPIN

Gem. Gąsawa, Kr. Żnin, Region Kujawien-Pommern (PL)

Biskupin wurde als Freilichtmuseum konzipiert und aufgebaut. Zu besichtigen sind Teile der Befestigung und der Häuser. Zwei Innenräume wurden vollständig rekonstruiert. In einem weiteren Haus informiert eine Fotoausstellung über die Forschungsgeschichte von Biskupin. Im Museumspavillon wird die Archäologie der Region dargestellt. Ein Bereich des archäologischen Reservates ist der experimentellen Archäologie gewidmet mit einem Töpfer- und einem Backofen, Versuchsfeldern zur Landwirtschaft sowie mehreren Stallungen und typischen Tierrassen (Ziege, Heidschnucke, Tarpan).

Museum

PMA (Staatliches Archäologisches Museum)
Biskupin 17
PL – 88 410 Gąsawa
Tel./Fax 0048 (0)52 30 25 420
oder 0048 (0)52 30 25 055.
www.biskupin.pl

BOURGES

Avaricum, dép. Cher, Region Centre (F)

Vom *oppidum Avaricum* ist heute nichts mehr zu sehen. Hingegen lohnt ein Besuch im »Musée du Berry«, das seit 1892 im Hôtel Cujas untergebracht ist. Es präsentiert außergewöhnliche Exponate aus prähistorischer Zeit bis hin zur Eisenzeit. Öffnungszeiten: täglich außer Dienstag und Sonntagvormittag; Eintritt frei.

Museum

Musée du Berry
4, rue des Arènes
F – 18000 Bourges
Tel. 0033 (0)2 48 70 41 92
musees@ville-bourges.fr
www.ville-bourges.fr/culture-loisirs/musees-bourges.php

BRACQUEMONT

»Camp de César«/»Cité de Limes«, Bracquemont/Neuville-lès-Dieppe, dép. Seine-Maritime, Region Haute-Normandie (F)

Das *oppidum*, das unter dem Namen »Camp de César« bekannt ist, liegt 3 km nordöstlich von Dieppe. Ein Spaziergang durch die einstige Befestigung entlang der Klippen hoch über dem Meer ist atemberaubend.

Informationen
www.seinemaritime.net/tourisme/
Au-bord-de-l-eau/Bracquemon

BUDAPEST-GELLÉRTHEGY

Stadt Budapest, Komitat Budapest, Region Mittelungarn (HU)

Die Geschichte der Stadt Budapest von ihren Anfängen an kann man im »Historischen Museum« der Stadt kennenlernen. Anstelle des Walles im Nordhang verläuft heute ein geteerter Spazierweg.

Museum
Historisches Museum Budapest
Burg Buda
Königlicher Palast, Flügel E

Informationen
www.btm.hu

CORENT

»Puy de Corent«, Corent/Veyre Monton, dép. Puy-de-Dôme, Region Auvergne (F)

Abgesehen von einem kleinen Bereich, in dem seit Jahren Grabungen stattfinden, wird das Plateau landschaftlich genutzt, sodass eine Besichtigung des *oppidum* schwierig ist. Die Funde sind nicht öffentlich zugänglich.

Informationen
A.R.A.F.A. (Association de Recherches de l'âge du Fer en Auvergne).
www.luern.fr

DONNERSBERG

Gem. Dannenfels, Donnersbergkreis, Rheinland-Pfalz (D)

Vom Parkplatz aus folgt man dem Rundwanderweg »Keltenweg«. Informationstafeln an Wällen und Toren informieren über die Geschichte des Donnersberges. Das Modell einer Pfostenschlitzmauer im Maßstab 1:1 von 1994 sowie ein restauriertes originales Mauerstück der Grabung 2010 veranschaulichen den Fortschritt der Forschung. Vom höchsten Punkt des *oppidum*, dem Königsstuhl, hat man eine herrliche Aussicht über das Nordpfälzer Bergland.

In Steinbach, am Fuß des Donnersberges, wurde ein »Keltendorf« aus sechs Holzgebäuden mit Innenausstattung unter Verwendung keltischer Handwerkstechniken rekonstruiert. An Aktionstagen werden Führungen durch das Dorf veranstaltet und alte Techniken vorgeführt.

Im Donnersberger »Keltengarten« informieren Schautafeln und ein »Keltenhaus« über Leben, Arbeit, Umwelt und Anbautechniken zur Zeit der Kelten.

Informationen
Donnersbergverein e.V.
Oberstraße 4
D – 67 814 Dannenfels
Tel. 0 63 57/98 96 21
Fax 0 63 57/50 97 14
www.donnersberg-touristik.de
www.donnersberger-kelten.de
www.keltendorf-steinbach.de
www.keltengarten.de

DÜNSBERG

Gem. Biebertal-Fellingshausen, Kr. Gießen, Hessen (D)

Ein 9 km langer, mit Hinweistafeln ausgestatteter archäologischer Rundwanderweg erleichtert die Erkundung des Geländes sowie die Besichtigung eines rekonstruierten »Keltentores« und des »Keltengehöfts« (drei Gebäude sowie ein Kräutergarten mit historischen Pflanzen mit Informationen zu Geschichte, Wald und Flur).
www.verein-keltenwelten.de
Die »Keltenstraße«, die von der Hessischen Landesregierung 2002 ins Leben gerufen worden ist, wurde inzwischen im »Verein Keltenwelten« auf Baden-Württemberg und Bayern ausgedehnt, mit dem Fernziel, sämtliche heutigen europäischen Länder einzubinden. Sie vernetzt in Mittel- und Südhessen seit 2002 mehrere Ortschaften mit wichtigen archäologischen Fundorten: den Archäologischen Park Glauberg mit dem Fürstengrab Glauberg und dem dortigen Forschungszentrum, die Saline Bad Nauheim, das *oppidum* Dünsberg, den archäologischen Rundwanderweg Büdingen-Dudenrod, Wallanlagen auf dem Hausberg und dem Brülerberg bei Butzbach, das Wetteraumuseum Friedberg, die Ringwallanlage auf dem Altkönig und das *oppidum* über dem Heidetränktal bei Oberursel.
www.keltenstrasse.de

Museum
Das Museum »KeltenKeller« zeigt Originalfunde vom Dünsberg. Öffnungszeiten: am ersten und dritten Sonntag im Monat 14–16 Uhr sowie nach Vereinbarung.
Haus der Gemeindeverwaltung
Mühlbergstraße 9
D – 35444 Biebertal-Rodheim
c/o Arnold Czarski
Tel. 0 64 09/23 38; 01 62/91 45 384
aczarski@gmx.de

Weitere Informationen
Der Verein »Archäologie im Gleiberger Land« (AGL) koordiniert seit 2005 die archäologischen Aktivitäten am Dünsberg. Der Dünsberg-Verein betreut den Rundwanderweg und bietet Führungen an.
www.archaeologie-im-gleiberger-land.de
1.vorsitzender@duensberg-verein.de
www.duensberg-verein.de

EHRENBÜRG

Gem. Kirchehrenbach/Wiesenthau-Schlaifhausen, Lkr. Forchheim, Bayern (D)

Die Anlage ist jederzeit frei zugänglich und kann rundum begangen werden. 2005 finanzierte die EU-Initiative Leaderplus im Bereich des Walles eine Forschungsgrabung mit dem Ziel, eine Datierung der mehrphasigen Befestigung zu gewinnen. In dem Wallschnitt unmittelbar südlich des westlichen Zangentores war die frühlatènezeitliche Mauer so gut erhalten, dass ein Teilstück restauriert und rekonstruiert werden konnte.

FINSTERLOHR

Stadt Creglingen, Main-Tauber-Kreis, Baden-Württemberg (D)

Teile der Wälle sowie ein Zangentor, das »Alte Tor« oberhalb der Holderbachschlucht, sind im Gelände noch gut zu erkennen. Ein beschilderter Rundweg führt über das Gelände. Ein Teil der Pfostenschlitzmauer wurde rekonstruiert. Geführte Rundgänge nach Voranmeldung.

Informationen
www.kelten-creglingen-finsterlohr.de
Touristinformation Creglingen
Bad Mergentheimer Straße 14
D – 97993 Creglingen
Tel. 0 79 33/6 31
Fax 07 9 33/203-161
touristinformation-creglingen@t-online.de
Verein keltisches Oppidum Finsterlohr Burgstall e.V.
www.creglingen.de/2382.php

GERGOVIA

»Plateau de Merdogne«/»Plateau de Gergovie«, Gergovie-La Roche Blanche, dép. Puy-de-Dôme, Region Auvergne (F)

Die Besichtigung des *oppidum Gergovia* ist das ganze Jahr über möglich. Am besten erhalten sind die Befestigungen im Südosten und Westen. Im Osten des Plateaus steht ein Denkmal von Jean Teillard (1901), das an den Arvernerfürsten Vercingetorix und die Schlacht von *Gergovia* erinnern soll. Das Museum »Maison de Gergovie« dient als Besucherzentrum und Ausstellungsfläche. Im Sommer werden Führungen und kulturelle Veranstaltungen im *oppidum*-Gelände angeboten, so z. B. die jährlichen »Arverniales« mit experimentalarchäologischen Darbietungen und Reenactment-Gruppen. Öffnungszeiten der »Maison de Gergovie«: März, April, November an den Wochenenden; Mai bis Juni und September bis Oktober täglich 10–12.30 Uhr und 14.00–18.00 Uhr; Juli bis August täglich 10– 19.00 Uhr.

Seit 2001 führt die A.R.A.F.A. (Association pour la Recherche sur l'âge du Fer en Auvergne) in Kooperation mit der Universität Wien im Sommer jährlich Forschungsgrabungen im Bereich der Befestigung durch.

Museum
Maison de Gergovie
F – 63670 La Roche Blanche
Tel. 00 33 (0)4 73 79 42 98
association@ot-gergovie.fr
www.ot-gergovie.fr

Informationen
A.R.A.F.A.
Maison Domat
Place de la mairie
F – 67670 Mirefleurs
Tel. 00 33 (0)4 73 39 24 21
www.arafa.fr/SPIP

HEIDENGRABEN

Gem. Grabenstetten, Kr. Reutlingen, Baden-Württemberg (D)

Als Erkennungszeichen des archäologischen Wanderweges rund um den Heidengraben dient ein berühmter Fund aus dem *oppidum*, ein Achsnagel mit einem menschlichen Kopf, der die ausführlichen Informationstafeln ziert, die an jedem Tor angebracht sind. Tor G in der Nachbargemeinde Erkenbrechtsweiler wurde nach Ausgrabungen durch das Landesamt für Denkmalpflege Baden-Württemberg ein Stück weit rekonstruiert. Die kurze Torgasse, die sich trichterförmig zu einem Torvorplatz öffnet und die bogenförmig auseinanderstrebenden Mauerschenkel unterscheiden sich aber deutlich von den klassischen Zangentoren des Heidengrabens mit rechtwinklig abknickenden, parallel verlaufenden Torwangen und erinnern eher an frühlatènezeitliche Toranlagen.

Museum
1) 1998 wurde das »Keltenmuseum Heidengraben« in Grabenstetten gegründet. Es zeigt Funde aus dem Bereich des *oppidum* von der Spätbronzezeit bis ins Mittelalter, die durch Karten, Rekonstruktionszeichnungen und Informationstafeln erläutert werden. Öffnungszeiten: Mai bis September Sonntag 14–17 Uhr und nach Vereinbarung, auf Wunsch mit Führung.
Museum des Fördervereins Heidengraben
Böhringer Straße 7
D – 72582 Grabenstetten
c/o Bürgermeisteramt: Tel. 0 73 82/3 87
2) Die Funde aus den Grabungen der Universität Tübingen sind im Museum Schloss Hohentübingen ausgestellt.
Schloss Hohentübingen
Burgsteige 11
D – 72070 Tübingen
Tel. 0 70 71/2 97 73 84
Fax 0 70 71/2 97 56 59

Informationen
Förderverein Heidengraben e.V.
Achalmstraße 1
D – 72582 Grabenstetten
www.kelten-heidengraben.de/foerderverein.html

info@grabenstetten.de
www.grabenstetten.de
www.uni-tuebingen.de/museum-schloss

HEUNEBURG

Gem. Herbertingen-Hundersingen, Kr. Sigmaringen, Baden-Württemberg (D)

Bereits 1993 wurde das Umland der Heuneburg durch einen gut ausgeschilderten und mit zahlreichen Informationstafeln ausgestatteten archäologischen Rundwanderweg von insgesamt ca. 8 km Länge erschlossen. Er beginnt beim »Keltenmuseum Hundersingen«, führt zur Heuneburg und weiter zu den vier »Fürstengrabhügeln« der Gemarkungen »Gießübel-Talhau«, mit deren Entdeckung vor über 130 Jahren die Heuneburgforschung begonnen hatte und von denen drei wieder zur alten Höhe aufgeschüttet worden sind. Von dort geht es durch den Wald zum ebenfalls rekonstruierten »Fürstengrabhügel Hohmichele«, der mit einem Durchmesser von 85 m und einer Höhe von 13,5 m zu den größten Grabmonumenten Mitteleuropas zählt, vorbei an einer »Viereckschanze« (einem spätlatènezeitlichen Gutshof), zurück nach Hundersingen.

Museum

Das neue Museumskonzept der Heuneburg lockt mit zwei Standorten: dem älteren, aber 2001 völlig neu gestalteten »Keltenmuseum Heuneburg« in Hundersingen sowie dem 2000 eröffneten »Freilichtmuseum« auf der Heuneburg selbst. Das »Keltenmuseum Heuneburg« (früher: »Heuneburgmuseum Hundersingen«) war schon bald nach Beendigung der Grabungen 1985 in einem Lagerhaus des 18. Jh. des nahe gelegenen (und auch einer Besichtigung werten!) Klosters Heiligkreuztal eröffnet worden. Heute präsentiert sich das Museum in architektonisch und didaktisch zeitgemäßer Gestaltung. Es gibt, auf der Basis neu gewonnener wissenschaftlicher Erkenntnisse, einen Überblick über die Besiedlung der Donauregion, die Baugeschichte der Heuneburg und den Alltag der Burgbewohner anhand zahlreicher Originalfunde, Inszenierungen und Modelle. Besonderen Anklang bei den Besuchern findet der Nachbau einer Grabkammer aus dem »Hohmichele«. Im »Freilichtmuseum Heuneburg« wurde die Südostecke der Burg, von der ein Tor zur Donau hinabführte, rekonstruiert. Auf den antiken Grundrissen wurden ein Teilstück der Lehmziegelmauer, ein großes so genanntes Herrenhaus, ein Wohn-, Speicher- und Werkstattgebäude errichtet. Mit absoluter Sicherheit hat die Mauer einen hölzernen Wehrgang besessen, von dem allerdings nichts mehr erhalten gewesen ist. Die Konstruktion als halboffene Halle, das Satteldach und dessen Schindeldeckung sind daher frei erfunden, aber angesichts des wunderbaren Blicks vom Wehrgang über das Donautal dürfte das kaum einen Besucher stören. Führungen für Gruppen nach Voranmeldung auch außerhalb der Öffnungszeiten.

Informationen

Keltenmuseum Heuneburg
Ortsstraße 2
D – 88518 Herbertingen-Hundersingen
Tel. 0 75 86/16 79
www.heuneburg.de
www.fuerstensitze.de

HRAZANY

Gem. Radíč, okr. Příbram, Region Mittelböhmen (CZ)

Von der Befestigung des *oppidum* haben sich noch beachtliche Wälle und Toranlagen erhalten, die besichtigt werden können. Man erreicht das *oppidum*, indem man von Sedlčany Richtung Nordwesten nach Nalžovice fährt bis zum Abzweig rechts nach Hrazany. Von dort leiten blaue Hinweisschilder zur Ausgrabung. Zahlreiche Tafeln im Gelände enthalten ausführliche Informationen.

Informationen

Ústav archeologické památkové péče středních Čech
Nad Olšinami 3/448
CZ – 100 00 Praha – 10
Tel. 0 04 20/2 74 81 79 93
www.uappsc.cz
www.celticeurope.cz

IPF

Gem. Bopfingen, Ostalbkreis, Baden-Württemberg (D)

Ein archäologischer Wanderweg mit Informationstafeln führt vom Ipf zum Goldberg. Ausgangspunkte sind das Museum im Seelhaus in Bopfingen oder das Goldbergmuseum in Goldburghausen. Am Parkplatz unterhalb des Ipf informiert ein Touristen-Pavillon, der einem Gebäude aus der Viereckschanze von Bopfingen-Flochberg nachempfunden ist, zu Geologie, Naturraum, Archäologie und Geschichte des Berges. Ein Grabhügel bei Osterholz wurde wieder aufgeschüttet und zugänglich gemacht. Das Museum Seelhaus in Bopfingen bietet einen anschaulichen Überblick über Archäologie und Geschichte der näheren Umgebung.

Museum

Museum Seelhaus
Spitalplatz 1
D – 73441 Bopfingen

Informationen

www.fuerstensitze.de
www.bopfingen.de

JŒUVRES

Saint-Jean-Saint-Maurice-sur-Loire, dép. Loire, Region Rhône-Alpes (F)

In Jœuvres selbst gibt es außer der beeindruckenden Topografie nicht mehr viel zu sehen. Die Funde werden im »Museum Déchelette« in Roanne aufbewahrt, das eine reiche gallo-römische Sammlung besitzt. Von 1892 bis 1914 war Joseph Déchelette Konservator dieses Museums, das auch als forschungsgeschichtliche Erinnerungsstätte einen Besuch lohnt. Öffnungszeiten: täglich außer Dienstag und an Feiertagen 10–12 Uhr und 14–18 Uhr; Sonntag 14–18 Uhr. Fremdsprachige Führungen nach Voranmeldung auch außerhalb der Öffnungszeiten.

Museum
Musée Joseph Déchelette
22, rue Anatole France
F – 42300 Roanne
Tel. 00 33 (0)4 77 23 68 77
Fax 00 33 (0)4 77 23 68 78
musee@mairie-roanne.fr
www.gralon.net/tourisme/musee-musee-joseph-dechelette-937.htm

KELHEIM

»Michelsberg«/»Hirschberg«, Stadt Kelheim, Lkr. Kelheim, Bayern (D)

Vom Archäologischen Museum Kelheim aus kann man auf verschiedenen Wegen auf den Michelsberg oder um ihn herumwandern, entweder quer durch das oppidum, oder entlang des Naturdenkmals »Donaudurchbruch« oder auf einem Wanderweg entlang der Altmühl. Diese Route beginnt an der Schleusenstraße mit dem eindrucksvollen Nachbau eines Tores, das hier allerdings nie gestanden hat. Zu besichtigen sind weiterhin die Befreiungshalle des 19. Jh., ein früh- und zwei späteisenzeitliche Wälle, zwei originale Zangentore sowie frühgeschichtliche Eisenerzschürfgruben. Vom Kloster Weltenburg aus besteht die Möglichkeit, den gegenüberliegenden Frauenberg zu besichtigen (frühgeschichtliche Siedlungen; frührömischer Militärposten und spätantikes Kastell). Im Sommer besteht Schiffsverbindung zwischen Kelheim und Weltenburg. Von Kelheim aus lässt sich außerdem der Archäologiepark Altmühltal erkunden, der bis nach Dietfurt führt. Die gut ausgeschilderte, 39 km lange Rad- oder Wandertour ist mit Audio-Stationen ausgestattet. Die Themen reichen vom Neandertaler bis zu den Kelten. Das Archäologische Museum im Herzogskasten, einem spätgotischen Getreidespeicher, präsentiert die Archäologie des Kelheimer Raumes von der Steinzeit bis ins Mittelalter.

Museum
Archäologisches Museum der Stadt Kelheim
Lederergasse 11
D – 93309 Kelheim
Tel. 0 94 41/1 04 92 und – 1 04 09
www.archaeologisches-museum-kelheim.de

Informationen
Tourist-Information Kelheim
Tel. 0 94 41/70 12 34
www.altmuehltal.de

LA CHAUSSÉE-TIRANCOURT

»Camp de César«, La Chaussée-Tirancourt, dép. Somme, Region Picardie (F)

Das oppidum La Chaussée-Tirancourt ist (noch) jederzeit zugänglich, wird aber künftig vermarktet werden, da es in unmittelbarer Nachbarschaft zu dem »Natur- und Archäologiepark Samara« liegt, der im März 2011 eröffnet werden soll. Geplant ist außerdem eine »route des oppida«, die ein größeres Gelände touristisch erschließen soll, um das industriearme Sommetal aufzuwerten. Das Eingangstor des oppidum La Chaussée-Tirancourt soll rekonstruiert und als Ausstellungsfläche genutzt werden. Öffnungszeiten des Parks: März bis Juni und September bis November Montag bis Freitag 9.30–19.30 Uhr und am Wochenende 10–18 Uhr; Juli bis August täglich 10–18.30 Uhr.

Informationen
Parc de Samara
Route de Saint-Sauveur
F – 80310 La Chaussée-Tirancourt
Tel. 00 33 (0)3 22 51 82 83
Fax 00 33 (0)3 22 51 92 12
http://sehet.andre.free.fr
www.samara.fr

LA CHEPPE

»Le Camp d'Attila«/»Vieux Châlons«, La Cheppe, dép. Marne, Region Champagne-Ardenne (F)

Die ausgezeichnet erhaltene Befestigung in La Cheppe ist frei zugänglich. Etwa 3 km der imposanten Wall- und Grabenanlage sind zu besichtigen, die von der Grabensohle bis zum Scheitel des Walles einen Höhenunterschied von 15 m bis 18 m aufweisen. Auf drei markierten Spazierwegen können Besucher die Anlage erkunden: Ein Pfad verläuft auf dem Wall, einer durch den Graben und ein dritter führt ins Innere des oppidum. Feste Schuhe anziehen! Es gibt auch geführte Touren. Die Funde werden im Archäologischen Nationalmuseum in Paris aufbewahrt. Öffnungszeiten: täglich außer Dienstag 10–17.15 Uhr.

Museum
Musée des Antiquités Nationales
de Saint-Germain-en-Laye
Château – Place Charles de Gaulle
F – 78105 Saint-Germain-en-Laye Cedex
Tel. 00 33 (0)1 39 10 13 00
www.musee-antiquitesnationales.fr

LANGRES

Andemantunnum, dép. Haute-Marne, Region Champagne-Ardenne (F)

Die Stadt liegt über dem ehemaligen oppidum. Erhalten geblieben ist nur ein römisches Tor, die »Porte du Marché« oder »Porte romaine« aus augusteischer Zeit. Die Funde aus keltischer und gallo-römischer Zeit sind im Museum von Langres ausgestellt. Öffnungszeiten: täglich außer Dienstag 10–12 Uhr und 14–18 Uhr; Eintritt frei.

Museum
Musée d'Art et d'Histoire
Place du Centenaire
F – 52200 Langres
Tel. 00 33 (0)3 25 86 86 86
musee@langres.fr

MANCHING

Lkr. Pfaffenhofen a.d. Ilm, Bayern (D)

Das Gebiet des *oppidum* ist heute in weiten Teilen überbaut. Nur vom Osttor aus ist ein kurzes Stück des Walles begehbar. Die nach dem Vorbild des rekonstruierten Osttores gemalte Kulisse eines Zangentores, die im Südwesten der ehemaligen Stadtmauer, an der Straße Richtung Geisenfeld, aufgestellt worden ist, kann diesen Verlust an originaler Substanz kaum ersetzen. Eine Entschädigung bietet seit 2006 nur der repräsentative archäologische Bestand in dem didaktisch attraktiven »kelten römer museum«, der durch Funde aus dem nahe gelegenen römischen Kastell Oberstimm sowie durch zwei sehr gut erhaltene römische Militärschiffe ergänzt wird. Weitere Funde aus Manching, wie z.B. das vergoldete Kultbäumchen, sind in der Archäologischen Staatssammlung München zu besichtigen.

Museum
1) kelten römer museum Manching
Im Erlet 2
85077 Manching
Tel. 0 84 59/32 37 30
Fax 0 84 59/32 37 329
www.museum-manching.de
2) Archäologische Staatssammlung
Museum für Vor- und Frühgeschichte
Lerchenfeldstraße 2
80538 München
Tel. 0 89/2 11 24 02
www.archaeologie-bayern.de

MARTBERG

Gem. Pommern, Kr. Cochem-Zell, Rheinland-Pfalz (D)

Der römische Tempelbezirk, der 2003 in Teilen wiederaufgebaut worden ist, soll einen Gesamteindruck von der ursprünglichen optischen Wirkung des Heiligtums vermitteln. Die Rekonstruktionen wurden auf den alten Fundamenten an den Originalstandorten errichtet. Zu besichtigen sind zwei in voller Höhe aufgebaute Tempelgebäude, sowohl der zentrale und größte gallo-römische Umgangstempel (K) als auch ein schlichter Rechteckbau in der Südostecke (X). Zwei weitere, kleinere Umgangstempel (L und M) sind in ihren Grundrissen wiederhergestellt worden. Ebenfalls in voller Höhe rekonstruiert worden ist ein Teil der umlaufenden Säulenhalle, die das Heiligtum von der Außenwelt abgeschirmt hat, sowie außerhalb des Tempelbezirkes ein Wohnhaus und ein Speichergebäude aus der keltischen Siedlung. Ein etwa halbstündiger Fußmarsch auf schmalem Pfad führt zum Aussichtspunkt »Fahrlei« am Talrand, von dem aus sich ein eindrucksvoller Blick moselaufwärts und -abwärts bietet. Um den Martberg herum werden vier verschiedene Themen-Wanderwege angeboten, die mit Informationstafeln beschildert sind, für die aber auch Führungen gebucht werden können. Funde aus den Ausgrabungen sind im Rheinischen Landesmuseum Trier und im Stiftsmuseum Treis-Karden zu sehen. Über die Aktivitäten auf dem Martberg informiert ein Förderverein.

Museum
1) Rheinisches Landesmuseum Trier
Weimarer Allee 1
D – 54290 Trier
Tel. 0651/977 40
landesmuseum@gdke.rlp.de
www.landesmuseum-trier.de
2) Stiftsmuseum Treis-Karden
Hauptstraße 27
D – 56253 Karden
Tel. 0 26 72/61 37
Fax 0 26 72/61 53

Informationen
Förderverein Pommerner Martberg 1997 e.V.
Gemeindeverwaltung
D – 56829 Pommern
www.martberg.de
www.treis-karden.de

MONT LASSOIS

Châtillon-sur-Seine, dép. Côte-d'Or, Region Burgund (F)
Im Museum von Châtillon-sur-Seine ist eines der berühmtesten Gräber der europäischen Eisenzeit ausgestellt. Die »Fürstin« von Vix wurde um 500 v.Chr. auf ihrem Prozessionswagen liegend mit einzigartigen Kostbarkeiten bestattet, u.a. mit einem Goldhalsring, einer Silberschale und einem riesigen Mischgefäß für Wein und Wasser, dem größten bisher bekannten antiken Bronzegefäß aus Unteritalien. Öffnungszeiten: täglich außer Dienstag und an Feiertagen 9.30–12 Uhr und 14–17 Uhr; Juli bis August 10–18 Uhr.

Museum
Musée du Pays Châtillonnais – Trésor de Vix
14 rue de la Libération
F – 21400 Châtillon-sur-Seine
Tel. 00 33 (0)3 80 91 24 67
Fax 00 03 (0)3 80 91 51 76
musee@chatillonnais.fr
www.musee-vix.fr

MONT VULLY

Gem. Bas-Vully, distr. du Lac-Seebezirk, Kanton Fribourg-Freiburg (CH)

Eine Hälfte des 5 m hohen Zangentores wurde rekonstruiert und kann besichtigt werden. Beeindruckender als diese Rekonstruktion ist aber an klaren Tagen allemal ein Blick von dem ca. 650 m hoch gelegenen *oppidum* über die drei Seen – Neuenburger, Bieler und Murten-See – bis zum Jura im Westen und den Alpen im Süden. Der Verein »Pro Vistiliaco« hat sich das Ziel gesetzt, die Archäologie und Geschichte des Mont Vully oder Wistenlacherberges bekannt zu machen und Grabungen durchzuführen.

Informationen
www.provistiliaco.ch

MURCENS

Cras, dép. Lot, Region Midi-Pyrénées (F)

Das *oppidum* von Murcens befindet sich zum Teil auf Privatgelände und kann nur eingeschränkt besichtigt werden. Wegen Raubgrabungen wurde der *murus gallicus* abgesperrt. Im Rathaus von Murcens gibt es eine kleine Vitrine mit Funden.

STAFFELBERG

Gem. Bad Staffelstein, Lkr. Lichtenfels, Bayern (D)
Der 540 m hohe Staffelberg zählt mit seinen steilen Sandsteinfelsen zu den beliebtesten Ausflugszielen in Oberfranken. Bei guter Sicht reicht der Blick vom Gipfel bis zum Thüringer Wald. Ein ca. 5 km langer Naturlehrpfad führt von Bad Staffelstein (Friedhof) zum Gipfelplateau. Der Verlauf der ehemaligen Pfostenschlitzmauer ist noch gut zu erkennen. Am Nordrand des Plateaus wurde ein Teil der Mauer rekonstruiert. Funde vom Staffelberg sind im Heimatmuseum von Bad Staffelstein zu sehen. Öffnungszeiten: November bis März Dienstag 14–17 Uhr und Samstag 14–16 Uhr; April bis Oktober Dienstag bis Freitag 10–12 Uhr und 14–17 Uhr, Samstag und Sonntag 14–17 Uhr.

Museum
Heimatmuseum der Stadt Bad Staffelstein
Kirchgasse 14
D – 96231 Bad Staffelstein
Tel. 0 95 73/33 10 30

Informationen
Tourismusbüro Tel. 0 95 73/33 120
www.tourismusverein-badstaffelstein.de
www.staffelstein.de

STARÉ HRADISKO

Gem. Malé Hradisko, okr. Prostějov, Region Olmütz (CZ)

Obwohl sich das *oppidum* teilweise auf Privatgelände befindet, ist es frei zugänglich. Spuren der Befestigung sind noch sichtbar, aber touristisch nicht erschlossen.

STEINSBURG

»Kleiner Gleichberg«, Gem. Römhild, Kr. Hildburghausen, Thüringen (D)

Ein archäologischer Rundweg mit Erläuterungstafeln von ca. 8 km Länge ist Teil des »Keltenerlebnisweges« und verbindet den Kleinen und Großen Gleichberg mit dem Steinsburgmuseum. Ein Stück der Außenfront der so genannten Grabbrunnen-Mauer wurde rekonstruiert. Das Steinsburgmuseum zeigt die Geschichte des Gleichberggebietes von der Mittelsteinzeit bis ins Mittelalter. Den wichtigsten Teil der Sammlung bilden die latènezeitlichen Funde. Öffnungszeiten: täglich außer Montag 9–17 Uhr; Führungen nach Voranmeldung.

Museum
Steinsburgmuseum Römhild
Waldhaussiedlung 8
D – 98631 Römhild
Tel. 03 69 48/20 56 1
Fax 03 69 48/82 85 3

Informationen
www.stadt-roemhild.de/steinsburgmuseum

STRADONICE

»Hradiště«, Gem. Stradonice, okr. Beroun, Region Mittelböhmen (CZ)

Auf dem Berg sind zahlreiche Informationstafeln aufgestellt, die über die Geschichte des Fundplatzes informieren. In unmittelbarer Umgebung befindet sich ein Informationszentrum, das Ausstellungen über Kelten in Tschechien veranstaltet.

Informationen
Informační centrum keltské kultury Nižbor
CZ – 267 05 Nižbor-Zámek
Tel. 0 04 20/311 693 100
www.celticeurope.cz

TIHANY

»Óvár«, Gem. Tihany, Komitat Veszprém, Region Mitteltransdanubien (HU)

Das *oppidum* lag auf dem Plateau »Óvár«, nördlich der Ortschaft Tihany. Im Gelände sichtbar sind nur noch zwei hallstattzeitliche Grabhügel an der modernen Straße, die in das *oppidum* hineinführt, sowie Wall und Graben der mittelalterlichen »Oberburg«. Der Wall des *oppidum* ist durch moderne Bebauung und Landwirtschaft zerstört worden, aber der wunderbare Blick über den Balaton-See ist derselbe wie vor über 2000 Jahren. Ein Wanderweg führt um die Halbinsel herum, vom Ausgangspunkt der Kirchenruine bei Sajkod bis zum Hafen.

TITELBERG

Pétange (L)

Der Titelberg ist Luxemburgs bedeutendste Ausgrabungsstätte. Den Besuch kann man mit einer Wanderung durch das Naturschutzgebiet »Giele Botter« verbinden. Leicht zugänglich ist der Titelberg ab dem Pfarrhaus in Lamadelaine sowie ab Fond-de-Gras. Wenn in den Sommermonaten die jährlichen Grabungskampagnen stattfinden, kann man Archäologie »live« erleben. An mehreren Stellen befinden sich Tafeln, die über die Ausgrabungen und die Geschichte der keltischen Stadt informieren. In einem kleinen Park sind Steinfundamente und Keller von Gebäuden des gallo-römischen *vicus* zu sehen, der das *oppidum* abgelöst hat. Die Überreste des spätkeltischen und gallo-römischen Heiligtums werden z. Z. restauriert. Im Osten des *oppidum* können der 10 m hohe Abschnittswall und ein Tor besichtigt werden. Die reichen Funde vom Titelberg und aus den umliegenden Friedhöfen werden im Nationalmuseum Luxemburg aufbewahrt. Öffnungszeiten: Dienstag bis Sonntag 10–18 Uhr.

Museum

Musée national d'histoire et d'art
Marché-aux-Poissons
L – 2345 Luxembourg

Tel. 0 03 52/47 93 30 1
Fax 0 03 52/47 93 30 271
musee@mnha.etat.lu
www.mnha.public.lu
www.petange.info/html/tetelbierg.htm

VELEM-SZENTVID

»Szent Vid hegy«, Gem. Velem, Komitat Vas, Region Westtransdanubien (HU)

ZAVIST

Gem. Dolní Břežany, okr. Praha-západ, Region Mittelböhmen (CZ)

Das Gelände des *oppidum* ist frei zugänglich und mit Informationstafeln ausgestattet.

Informationen

Informační centrum keltské kultury Nižbor
CZ – 267 05 Nižbor-Zámek
Tel. 0 04 20/311 693 100
www.celticeurope.cz

Bildnachweis

Frontispiz, S10/11: © Landesamt für Denkmalpflege, Baden-Württemberg; Foto: O. Braasch, Landshut; S6/7 © Centre archéologique européen de Bibracte; www.oppida.org; S12 © Centre archéologique européen de Bibracte; S14 © The Art Gallery Collection / Alamy; S17o © Landesamt für Denkmalpflege, Baden-Württemberg; S17u, S19 © Landesamt für Denkmalpflege, Baden-Württemberg; Foto: O. Braasch, Landshut; S20 © Institut für Ur- und Frühgeschichte, Universität Kiel; Foto: S. Jagiolla; S21 Nach: B. Chaume, N. Nieszery, W. Reinhard, Rapport sur la fouille de la zone B du grand bâtiment à antes et abside de Vix le mont Lassois. Campagne 2005, 2006, 2007. In: C. Mordant/B. Chaume (Hrsg.), Projet Collectif de Recherche Vix et son Environnement. Document final de synthèse (Dijon 2007) 171–235; S22 I. Ralston, University of Edinburgh; S23o J. Fassbinder, Bayerisches Landesamt für Denkmalpflege München; S23u © Bayerisches Landesamt für Denkmalpflege München, Luftbilddokumentation, Aufnahmedatum 17.12.98; Foto: K. Leidorf, Archiv-Nr. 6332/001, Dia 7995-26; S24 M. Kazik, Museum Biskupin; S26 © S. Fichtl; S27o © Centre archéologique européen de Bibracte; Foto: A. Maillier; S27u ©/Foto: Generaldirektion Kulturelles Erbe Rheinland-Pfalz, Direktion Landesarchäologie, Außenstelle Speyer; S28 © R. Agache / Ministère de la Culture; Foto: R. Agache; S29 © S. Fichtl; S30/31 © R. Agache / Ministère de la Culture; Foto: R. Agache; S32, S34o, S35u, S36 © Centre archéologique européen de Bibracte; www.oppida.org; S33 © R. Goguey/C. Grapin, Musée d'Alésia; Foto: R. Goguey, Recherches d'Archéologie Aérienne; S34u © R. Goguey/D. Lebrun, Recherches d'Archéologie Aérienne; Foto: R. Goguey; S35o © R. Agache / Ministère de la Culture; Foto: R. Agache; S37 © Terra Incognita, Institut für kulturgeschichtliche Medien e.V.; S38, S40u, S41o, S42, S44, S46 © Centre archéologique européen de Bibracte; www.oppida.org; S39 © R. Goguey, Recherches d'Archéologie Aérienne; Foto: R. Goguey; S40o © O. Buchsenschutz, ENS Paris; Foto: I. Ralston, University of Edinburgh; S41u, S43 © I. Benková, ÚAPPSČ Prag; S45 © DOP Bayerische Vermessungsverwaltung, Nr. 4484/10; S47 © Thüringisches Landesamt für Archäologische Denkmalpflege Weimar, Luftbildarchiv Nr. 5528/002-1_1066_38; Foto: O. Braasch,
Landshut; S48, S50u, S51, S52u, S54u, S55o, S56, S58u, S59 © Centre archéologique européen de Bibracte; www.oppida.org; S49 © R. Goguey, Recherches d'Archéologie Aérienne; Foto: R. Goguey; S50o © Archäologischer Dienst des Kantons Bern; Foto: Vermessungsbüro Mesaric, 1979/ADB; S52o © R. Agache / Ministère de la Culture; Foto: R. Agache; S53 Historisches Museum Bern; S54o © R. Agache / Ministère de la Culture; Foto: R. Agache; S55u Bayerisches Landesamt für Denkmalpflege München, Luftbilddokumentation, Aufnahmedatum 21.10.85; Foto: O. Braasch, Archiv-Nr. 5932/001, Dia 4134-28; S57o © I. Benková, ÚAPPSČ, Prag; S58o ©/Foto: Zoltan Czajlik, Universität Budapest; S60 © Centre archéologique européen de Bibracte; Foto: A. Maillier; S62o, S63u, S65, S68, S70 © Centre archéologique européen de Bibracte; www.oppida.org; S62u, S71 © Landesamt für Denkmalpflege Baden-Württemberg; Foto: O. Braasch, Landshut; S63o, S64 ©/Foto: Generaldirektion Kulturelles Erbe Rheinland-Pfalz, Direktion Landesarchäologie, Außenstelle Speyer; S66 ©/Foto: Referat Denkmalpflege im Regierungspräsidium Freiburg; S69 Bayerisches Landesamt für Denkmalpflege München, Luftbilddokumentation, Aufnahmedatum 30.03.95; Foto: K. Leidorf, Archiv-Nr. 7136/090, Dia 7265-29; S73, S75, S77 © Centre archéologique européen de Bibracte; www.oppida.org; S74 © R. Goguey/D. Lebrun, Recherches d'Archéologie Aérienne; Foto: R. Goguey; S76 © Musée National d'Histoire et d'Art, Luxemburg; Foto: ARCTRON; S78 © Generaldirektion Kulturelles Erbe Rheinland-Pfalz, Direktion Landesarchäologie, Außenstelle Koblenz; Foto: A. Schmickler; S80o, S81u, S82, S83u © Centre archéologique européen de Bibracte; www.oppida.org; S80u, S81o © R. Goguey/D. Lebrun, Recherches d'Archéologie Aérienne; Foto: R. Goguey; S83o ©/Foto: Zoltan Czajlik, Universität Budapest; S85, S87 © I. Benková, ÚAPPSČ Prag.

Verlag und Autoren danken dem Centre archéologique européen Bibracte für die kostenlos zur Verfügung gestellten Pläne der *oppida* und die Luftbilder der französischen Fundorte.

Leider ist es uns nicht immer möglich, den Rechtsinhaber ausfindig zu machen. Berechtigte Ansprüche werden selbstverständlich im Rahmen der üblichen Vereinbarungen abgegolten.